人力资源管理研究

秦 宁◎主编

图书在版编目（CIP）数据

人力资源管理研究 / 秦宁主编. -- 长春：时代文艺出版社，2024.1
ISBN 978-7-5387-7407-8

Ⅰ.①人… Ⅱ.①秦… Ⅲ.①人力资源管理－研究 Ⅳ.①F243

中国国家版本馆CIP数据核字(2024)第068265号

人力资源管理研究
RENLI ZIYUAN GUANLI YANJIU
秦　宁　主编

| 出 品 人：吴　刚 |
| 责任编辑：邢　雪 |
| 装帧设计：文　树 |
| 排版制作：隋淑凤 |

出版发行　时代文艺出版社
地　　址　长春市福祉大路5788号　龙腾国际大厦A座15层　（130118）
电　　话　0431-81629751（总编办）　　0431-81629758（发行部）
官方微博　weibo.com/tlapress
开　　本　710mm×1000mm　1/16
字　　数　209千字
印　　张　13.25
印　　刷　廊坊市广阳区九洲印刷厂
版　　次　2024年1月第1版
印　　次　2024年1月第1次印刷
定　　价　76.00元

图书如有印装错误　请寄回印厂调换

编 委 会

主　编

秦　宁　临沂市蒙阴县社会保险事业中心

副主编

辛少计　四川克瑞斯管理顾问有限公司
郝彦龙　唐山市交通勘察设计院有限公司

前　言

　　人力资源是一种特殊的资源，具有不可替代性和高增值性的特点。拥有一支相对稳定、有知识、有能力的人才队伍，对企业发展有着重要影响。在经济全球化背景下，我国企业要想获得持续发展并在竞争中取胜，就必须高度重视人力资源的管理。人力资源管理自20世纪90年代初期引入我国，经过二十多年的发展，已取得了长足的进步。但人力资源管理在学科体系建设、人才培养与人力资源管理实践等方面还不是很成熟，需要在总结我国企业人力资源管理的实践经验、借鉴人力资源管理理论的基础上，创建有中国特色的人力资源管理体系，以推动国内企业的稳健成长。

　　人力资源管理是一个系统性的工作，所涉及的内容及形式比较复杂。尤其在新时期，人力资源管理在内容和形式上发生了极大的变化。与此同时，许多企业管理者开始意识到人力资源管理对组织发展的重要价值及作用，着眼于整体目标来实现人力资源管理的调整和突破，从而更好地促进人力资源的合理配置及利用，同时促进人力资源服务的良好发展。

　　限于作者水平，书中难免存在疏漏和不足，恳请广大读者批评指正。

目 录

第一章 人力资源管理概述
第一节 人力资源管理的基本概念 ………………………………… 001
第二节 人力资源及其开发与管理 ………………………………… 009
第三节 人力资源管理理念的演进 ………………………………… 013
第四节 人力资源的基本内容体系 ………………………………… 018

第二章 人力资源管理的基本理论
第一节 人力资源管理的哲学 ……………………………………… 021
第二节 人力资源管理的原理 ……………………………………… 029
第三节 人事矛盾规律 ……………………………………………… 033

第三章 人力资源管理的基本模式
第一节 绩效管理模式 ……………………………………………… 036
第二节 薪酬管理模式 ……………………………………………… 043
第三节 国际人力资源管理 ………………………………………… 046

第四章　人力资源管理者队伍建设

第一节　人力资源管理者的职业化 ……………………………………… 053

第二节　人力资源管理者的任务 ………………………………………… 055

第三节　当前我国企业人力资源管理者现状 …………………………… 064

第四节　人力资源管理者的素质要求 …………………………………… 065

第五节　人力资源管理者的培养 ………………………………………… 073

第五章　人力资源管理职能的战略转型与优化

第一节　人力资源管理职能的战略转型 ………………………………… 078

第二节　人力资源管理职能的优化 ……………………………………… 091

第六章　人力资源管理的创新发展必然性分析

第一节　人力资源管理创新是经济全球化的必然要求 ………………… 109

第二节　经营环境的变化促使人力资源管理的创新 …………………… 115

第七章　大数据时代人力资源管理机遇、挑战与变革

第一节　传统人力资源管理的现状及问题分析 ………………………… 119

第二节　基于商业智能的人力资源管理 ………………………………… 121

第三节　基于大数据的人力资源管理 …………………………………… 123

第四节　大数据背景下的企业组织变革 ………………………………… 126

第五节　招聘管理创新 …………………………………………………… 128

第六节　数据众筹模式下的胜任力模型构建 …………………………… 130

第七节　培训管理创新 …………………………………………………… 133

第八节　绩效管理创新 …………………………………………………… 136

第九节　薪酬管理创新 …………………………………………………… 138

第十节　员工关系管理创新 ……………………………………………… 140

第八章 现代人力资源管理信息化及其影响研究

第一节 人力资源管理信息化及其目标 …………………… 142

第二节 人力资源管理信息化的必要性分析 ………………… 145

第三节 人力资源管理信息化的主要任务 …………………… 154

第四节 人力资源管理信息化对企业经营的意义与影响 …… 159

第九章 现代人力资源管理信息化的人才与系统建设

第一节 人力资源管理的信息开发与人才队伍建设 ………… 162

第二节 人力资源管理信息化系统的功能解析 ……………… 180

第三节 人力资源管理信息系统的开发与建立 ……………… 187

第四节 人力资源管理信息系统的应用效果与风险控制 …… 197

参考文献 …………………………………………………………… 200

第一章 人力资源管理概述

第一节 人力资源管理的基本概念

一、人力资源的概念与特征

资源泛指社会财富的源泉，是能给人带来新的使用价值和价值的客观存在物。在管理学中，"人、财、物"中的"人"即人力资源。现代管理科学普遍认为，经营企业需要四大资源：人力资源、经济资源、物质资源、信息资源。而在这四大资源中，人力资源是最重要的资源，它是生产活动中最活跃的因素，也被经济学家称为第一资源。

（一）人力资源的概念

人力资源这一概念的提出起源于 20 世纪 60 年代。人力资源是与自然资源或物质资源相对的概念，是指一定范围内人口总体所具有的劳动能力的总和，也是一定范围内具有为社会创造物质和精神财富、从事体力劳动和智力劳动的人们的总称。

1. 人力资源是以人为载体的资源，是指具有智力劳动能力或体力劳动能力的人们的总和。

2. 人力资源是指一个国家或地区有劳动能力的人口总和。

3. 人力资源与其他资源一样也具有物质性、可用性、有限性、归属性。

4. 人力资源既包括拥有成员数量的多少，也包括拥有成员质量的高低。它是存在于人体中以体能、知识、技能、能力、个性行为等特征为具体表现的经济资源。

（二）人力资源的特征

1. 开发对象的能动性

人力资源在经济活动中是居于主导地位的能动性资源，这与自然资源在开发过程中的被动地位截然相反。劳动者总是有目的、有计划地运用自己的劳动能力，能主动调节与外部的关系，具有目的性、主观能动性和社会意识性。劳动者按照在劳动过程开始之前已有确定的目的，能够积极、主动、创造性地进行活动。能动性也是人力资源创造性的体现。

2. 生产过程的时代性

人是构成人类社会活动的基本前提。不同的时代对人才的需求不同；并且，在其形成的过程中会受到外界环境的影响，从而造就具有不同时代特点的人力资源。例如，战争时代需要大量的军事人才，而和平年代需要各种类型的经济建设和社会发展方面的人才。

3. 使用过程的时效性

人力资源的形成、开发、使用都受到时间的制约。如人能够从事劳动的自然时间又被限定在其生命周期的中间一段，不同的年龄阶段，劳动能力各不相同。无论哪类人，都有其最佳年龄阶段和才能发挥的最佳期。所以，人力资源开发和利用要注重及时性，以免造成浪费。

4. 开发过程的持续性

物质资源一次开发形成最终产品后，一般不需要持续开发。人力资源则不同，需要多次开发。在知识经济时代，科技发展日新月异，知识更新速度非常快，劳动者一次获取的知识能量不能够维持整个使用过程，需要不断地积累经验，通过不断学习，更新自己的知识，提高技能，增强自我能力。对于人力资源的开发与管理要注重终身教育，加强后期培训与开发，不断提高其知识、技能水平。因此，人力资源开发必须持续进行。

5.闲置过程的消耗性

人力资源具有两重性，其既是价值的创造者，又是资源的消耗者。人力资源需要维持生命必不可少的消耗，同时具有使用过程的时效性。资源闲置，无论是对组织还是对个体都是一种浪费。

6.组织过程的社会性

人力资源活动是在特定社会组织中的群体活动。在高度社会化大生产的条件下，个体要通过一定的群体来发挥作用。合理的群体组织结构有助于个体的成长及高效地发挥作用，不合理的群体组织结构则会对个体构成压力。人力资源的形成、使用与开发受到社会因素的影响，包括历史、文化、教育等方面。这就给人力资源管理提出了要求：既要注重人与人、人与团体、人与社会之间的关系协调，又要注重组织中的团队建设。

二、人力资源管理的概念与特点

（一）人力资源管理的概念

人力资源管理是对人力资源的获取、使用、保持、开发、评价与激励等方面进行的全过程管理活动。管理者通过协调人与事的关系，处理人与人的矛盾，充分发挥人的潜能，使人尽其才、物尽其用、人事相宜，从而达到人力资源价值的充分发挥，以实现组织的目标和个人的需要。

1.人力资源管理包括对人力资源进行的量和质的管理：一方面，通过获取与整合，满足组织对人员数量的要求；另一方面，通过对人的思想、心理和行为进行有效管理，充分发挥人的主观能动性，以达到组织目标。

2.人力资源管理要做到人事相宜。即管理者要根据人力和物力及其变化，对人力资源进行招聘、培训、组织和协调，使两者经常保持最佳比例和有机结合，使人和物都发挥出最佳效益。

3. 人力资源管理的基本职能包括获取、整合、激励、调控和开发，通过这一过程完成求才、用才、育才、激才、护才、留才的整个管理过程。这也是人力资源管理的六大基本任务。

（二）人力资源管理的特点

1. 人力资源管理是一门综合性的科学

人力资源管理的主要目的是指导管理用于实践活动。当代的人力资源管理活动影响因素较多，内容复杂，仅掌握一门学科知识是不够的。人力资源管理综合了经济学、社会学、人类学、心理学、统计学、管理学等多个学科，涉及经济、政治、文化、组织、心理、生理、民族、地缘等多种因素。

2. 人力资源管理是一门实践性很强的科学

人力资源管理是通过对众多的管理实践活动进行深入的分析、探讨、总结，并在此基础之上形成理论的科学；其产生的理论又可直接为管理实践活动提供指导，并且接受实践的检验。

3. 人力资源管理是具有社会性的科学

人力资源管理是一门具有社会性的科学，其内容和特点受社会文化、历史、制度、民族等社会因素的影响。所以，进行人力资源管理，必须考虑其所处的社会环境。不同社会环境中的人力资源管理活动有着不同的规律，形成的管理理论也有其自身的特殊性。

4. 人力资源管理是具有发展性的科学

人力资源管理处于不断发展完善的过程当中，需要一个不断深入的认识过程，使之能够更有效地指导实践。人力资源管理的发展到目前为止经历了手工业制造、科学管理理论、人际关系运动、行为科学和学习型组织这五个阶段。

三、人力资源管理的基本职能

(一) 获取

人力资源管理根据组织目标确定所需的人员条件，通过规划、招聘、考试、测评、选拔，获取组织所需的人力资源。获取是人力资源管理工作的第一步，是其他职能得以实现的基础，主要包括人力资源规划、职务分析、员工招聘和录用。

(二) 整合

整合是帮助已招录的员工了解企业的宗旨和价值观，使之内化为他们自己的价值观。通过企业文化、信息沟通、人际关系和谐、矛盾冲突的化解等有效整合，使企业内部的个体目标、行为、态度趋向企业的管理要求和发展理念，使之形成高度的合作和协调，通过发挥集体优势，提高企业的生产力和效益。

(三) 激励

激励是指给予为组织做出贡献的员工奖酬的过程，是人力资源管理的核心工作之一。管理者根据对员工工作绩效进行考评的结果，公平地向员工提供与他们各自的贡献相称的合理的工资、奖励和福利。设置这项基本职能的根本目的在于增强员工的满意感，以提高其劳动积极性和劳动生产率，进而提高组织的绩效。

(四) 调控

这是对员工实施合理、公平的动态管理的过程，是人力资源管理的控制与调整职能。主要包括：

1. 科学、合理的员工绩效考评与素质评估；

2. 以考绩与评估结果为依据，对员工采用动态管理，如晋升、调动、奖惩、离退、解雇等。

(五)开发

这是人力资源管理的重要职能。人力资源开发是指对组织内员工素质与技能的培养与提高，是提高员工能力的重要手段，主要包括组织和个人开发计划的制订、新员工的工作引导和业务培训、员工职业生涯的设计、继续教育、员工的有效使用及工作丰富化等内容。

四、人力资源管理的目标与意义

(一)人力资源管理的目标

人力资源管理目标是指企业人力资源管理需要完成的职责和需要达到的绩效。人力资源管理既要考虑组织目标的实现，又要考虑员工个人的发展。其强调在实现组织目标的同时实现个人的全面发展。

1. 提高工作生活质量，满足员工需要

工作生活质量可以被描述为一系列的组织条件和员工工作后产生的安全感、满意度及自我成就感的综合。良好的工作生活质量能够促进工作中的员工的生理和心理健康，从而有效地提高工作效率。

2. 提高劳动生产效率，获得经济效益

劳动生产率、工作生活质量和企业经济效益三者之间存在着密切的联系。从人力资源管理的角度来说，提高劳动生产效率是要让人们更加高效而不是更加辛苦地工作。人力资源管理能够有效地提高员工的生活质量，为员工提供一个良好的工作环境，以此降低员工流动率；通过培训等方法，实现人力资源的精干和高效，提高潜在的劳动生产率，从而获得理想的经济效益。

3. 培养全面发展的人才，获取竞争优势

随着经济全球化和知识经济时代的到来，人力资源日益成为企业竞争优势的基础。企业通过对人力资源的教育与培训、文化塑造，可以有效地

提高人力资源核心能力的价值，获取竞争优势。

(二) 人力资源管理的意义

随着知识经济时代的到来，人力资源在组织发展和提高竞争力方面的作用也越来越重要，因而人力资源管理的意义就凸显出来，具体表现如下。

1. 有利于促进生产经营的顺利进行

企业拥有三大资源，即人力资源、物质资源和财力资源，而物质资源和财力资源的利用是通过与人力资源的结合实现的，即人力资源是企业劳动生产力的重要组成部分。企业只有通过合理组织劳动力，不断协调劳动对象之间的关系，才能充分利用现有的生产资料和劳动力资源，使其在生产经营过程中最大限度地发挥作用，形成最优的配置，以保证生产经营活动顺利地进行。

2. 有利于调动企业员工的积极性

企业必须善于处理物质奖励、行为激励及思想教育工作之间的关系，使员工始终保持旺盛的工作热情，充分发挥自己的专长，努力学习技术和钻研业务，不断改进工作，从而提高劳动生产率。

3. 有利于减少不必要的劳动耗费

经济效益是指经济活动中的成本与收益的比较。减少劳动耗费，有助于提高经济效益的过程。企业通过合理组织劳动力，科学配置人力资源，有助于以最小的劳动消耗取得最大的经济成果。

4. 有利于企业实现科学管理

科学而规范的管理制度是现代企业良性运转的重要保证，而人力资源的管理又是企业管理中最为关键的部分。如果一个企业缺乏优秀的管理者和优秀的员工，企业即使拥有再先进的设备和技术，也无法发挥其效果。因此，有效的人力资源管理，加强对企业人力资源的开发和利用，做好员工的培训教育工作，是企业实现科学管理和现代管理的重要环节。

5.有利于建立和加强企业文化建设

企业文化是企业发展的凝聚剂和催化剂，对员工具有导向、凝聚和激励作用。优秀的企业文化可以增进员工间的团结和友爱，有利于降低管理成本和运营风险，并最终达到企业战略目标。

五、现代人力资源管理与传统人事管理的区别

现代人力资源管理是由传统的人事管理发展进化而来的，但前者范围更广、内容更多、层次更高。具体区别如下。

（一）产生的时代背景不同

人事管理起源于第一次世界大战期间，是随着社会工业化的出现与发展应运而生的；而人力资源管理是在社会工业化迅猛发展、科学技术高度发达、人文精神日益高涨、竞争与合作不断加强，特别是社会经济有了质的飞跃的历史条件下产生和发展起来的。

（二）对人的认识不同

传统人事管理将人视为一种工具，等同于物质资源的成本，将人的劳动看作一种在组织生产过程中的消耗，注重的是投入使用和控制。即人事管理主要关注如何降低人力成本、正确地选拔人、提高人员的使用效率和生产效率，避免人力成本的增加。

而人力资源管理把人视为组织的第一资源，将人看作"资本"。这种资本通过有效的管理和开发可以创造更高的价值，能够为组织带来长期的利益。因此，现代人力资源管理更注重对人的保护和开发。

（三）基本职能不同

传统人事管理基本属于行政事务性的工作，其职能是具体的、技术性的事务管理，活动范围有限，具有短期导向，主要由人事部门职工执行，很少涉及企业高层战略决策。而人力资源管理是为实现组织的目标，建立

一个人力资源规划、开发、利用与管理的系统，可以提高组织的竞争能力。因而，现代人力资源管理与传统人事管理的最根本区别在于，现代人力资源管理具有主动性、战略性、整体性和未来性，更适合当今全球经济一体化的组织管理模式与发展趋势。

第二节 人力资源及其开发与管理

一、人力资源的地位和作用

企业要实现组织目标，必须有人力资源、物力资源、财力资源和信息资源的投入。在这四种资源中，人力资源是最重要的资源，也是最关键的因素。

1. 对大多数的组织来说，人力资源的费用是该组织所提供的产品或服务中的主要成本之一。据统计，在化工和石油企业中，劳动力（人力）成本占总成本的25%～30%；而在一些脑力劳动力集中的组织机构中，如在科研和咨询服务型企业中，劳动力的费用占总成本的75%～85%。

2. 人力资源是影响一个组织工作成绩和效果的决定性的关键因素。任何一个组织，没有必备的人力资源，没有人力资源同其他资源的有效结合，要实现组织目标是根本不可能的。

3. 人的创造力、潜能的发挥是无限的，它建立在包括管理、自身素质、目标激励、群体和组织影响等各种因素的交叉作用基础之上。人的这种潜能一旦转化成现实生产力，则成为企业最宝贵的财富，这是其他资源的价值所不可比拟的。

二、人力资源管理的范围及目标

（一）人力资源管理的范围

大多数学者主张，现代企业人力资源管理的范围应包含以下几个方面：组织设计和组织发展与变革；工作分析与任职人员的条件；人力资源的计划配置与管理；人力资源与人力的招聘、考试、挑选、录用；工作绩效的考核与评价；工作职务的调动与提升；人员的教育、培训和开发；激励和奖惩制度；协调和处理劳资关系；工资薪金和福利；职业安全与卫生；退休抚恤和保险；人事资料的建立和运用；人事机构与人事人员的设置及工作态度的规定等。以上管理范围可通俗概括为以下四个方面。

1. 求才

求才是指企业吸引和寻求优秀人力资源，通过招聘加以选拔，并为之安排最合适的职务和职位。

2. 用才

获得人才后，企业要通过工作分析、职位分类、绩效考核、职位调动和提升，根据每个人的个性、性格、气质、能力的特点，扬长避短，恰当地分配工作，充分发挥人才的优势。

3. 育才

人才往往需要通过教育培训以进一步开发其潜力，企业通过提高人才的综合素质，结合组织目标以发挥人才更大的作用。

4. 留才

通过求才、用才、育才之后，企业还要珍惜人才，想方设法留住人才，建立良好的工作环境，使之长期发挥作用。留才与激励奖惩、人员流动、工资福利、职位的调任和提升、协调人际关系等均有密切的关系。

（二）人力资源管理的目标

以企业组织为主要领域的现代人力资源管理的工作目标，主要有以下四个方面。

1. 经济目标

通过人与事的恰当配合，使人尽其才、事得其人，以最少最优的人力投入，获得最大的工作成绩与效益的产出，从而使企业的生产力得到发展，利润得到提高。

2. 社会目标

要建立和谐的人际关系，使企业与员工间关系合理、得失与共，能够和谐相处、共同努力；促使企业与社会和国家之间的关系在协调一致的基础上，为社会不断做出积极的贡献；同时，企业人才即为社会人才，企业人力资源素质的提高，也是社会人力资源素质提高的基础。

3. 个人目标

要得到合理的待遇和个人的自身发展，这是每个人的愿望。企业通过不断改善工作环境，提高职工工作和生活的质量，尽量做到使职工个人获得稳定与合理的报酬和进一步发展的机会，让个人的理想、抱负、才能、知识和经验，都能得到充分的发挥和运用。

4. 技术目标

科技进步要求社会和企业每个成员提高业务水平。用科学的方法，解决组织中的人与事的问题，使人力资源管理的技能方法更为标准化、合理化和效率化。

三、人力资源的开发与优化

人力资源开发与优化（Human Resource Development and Optimization）是20世纪70年代以来逐渐被广泛使用的一个新概念，它立足于更好地使用人的能力和不断激发人的潜能，从而提高人的整体价值。西方国家许多公司纷纷成立由最高主管部门参与的人力资源开发中心，或把"人事部门"改作"人力资源开发与管理部门"，以紧密结合生产经营管理目标来培育和用好人才。人力资源开发是一种把人力当作一种财富的价值观，其内涵在于发掘人的潜能和提高人的素质与能力。这种理念和思路主张通过一系列的方法和途径以系统地开发人的潜在能力，从而更有效地实现组织和个人的目标。因为"人"是一种可开发、也必须开发的"资源"，企业必须改变过去人事部门只是消极地"管住人"的局面，必须对人进行培训教育和开发，才能使人不断适应新的环境和目标要求，提高和发挥人的价值。人力资源开发和人力资源管理是同一范畴内的两个概念，彼此各有侧重。一般来说，人力资源开发侧重于员工内在素质和潜能的提高，强调重视个人内在的个性特征和包括知识结构、观念、气质、能力等在内的综合素质在组织的目标和活动的发展中得到发展；而人力资源管理则比较强调外在组织的需要，把人作为资源进行配置和使用。更进一步地说，组织的成长发展、企业的兴旺发达需要有效的员工个人能力开发的机制，使事得其人、人尽其才、才尽其用。所谓人的价值就是指人的知识技术、潜力及能力在一定组织条件下的实现程度。各人的个性、性格、能力、气质是不同的，若一个企业的管理者和领导者能善于组合应用各人之所长，使他们在各展所长的同时，形成配合默契的协作，则每个人的能力和整个组织的工作效率和效益就能超越简单相加的结果，从而产生一种价值量的创造性提升。

此外，在实现组织目标的过程中，企业应采取积极的措施，使人与人、人与工作、人与组织之间相互一致，突出发挥优势互补、扬长避短的群体优化机制的作用，使人力资源的效能趋向于最佳利用状态。同时，企业应不断引进高质量的人才和经常性地提高现有人力资源综合素质。

总之，企业的人力资源管理、开发和优化是一个相辅相成、积极互动的机制。现代社会中，一个企业的兴衰成败，往往取决于这一机制是否能依托企业组织的系统功能和管理的职能始终处于良好的运行状态。

第三节 人力资源管理理念的演进

一、传统的人事管理阶段的特点

由于生产力发展相对落后，劳动力价格低廉，又缺乏系统的管理理论指导，企业在因袭管理时期，对人的管理主要集中于活劳动消耗的控制。因此，在管理理念上体现出以下特点。

（一）因人定酬，随机增薪

1. 把工作年限、个人资格和经历作为确定和增加工资薪金的依据

企业首先考虑员工所担任的工作应与其所应具有的资格相适应，从而确定基础工资和薪金，并按工作年限、资历和企业盈利状况而增加工资报酬。传统人事管理者认为，员工工作年限越长、资历越久，知识经验就越丰富，对企业贡献也就越大，则其能力、地位和身份，就更应受重视。

2. 企业以工作态度与同雇主的关系作为提升员工职务的依据

员工职务的提升主要以为企业卖力工作的程度及年头的长短，论资排辈。这样只会使人安于现状，不多考虑改革和创新，从而影响工作的效率和组织目标的实现。

（二）少有规章，人治为主

1. 人事管理随意化

企业一切人事管理均以雇主好恶、亲疏作为依据。雇主及其幕僚、工头集制定规矩与执行章法于一身，"言出法随"，使规矩偏向于任意和僵化两个极端。

2. 把人等同于其他资源，"见物不见人"

对人的管理侧重于指挥和监督。

3. 不重视研究、关心人的需要

人是有思想、有感情、有需求的，也会随着主客观环境的改变而有所变化，并且各人有个性、性格、气质、能力等方面的差异，因此，企业单纯以繁多、详尽、僵死的法规来处理和解决"活"的人事问题，是不可能真正取得理想效果的。

（三）纯粹的雇佣关系，缺乏长期眼光

1. 特别强调按劳务市场规则来处理人事问题，如程序上未做规定的，而实际需要的事也不能办，严重影响工作实效。

2. 忽视人的培养和能力开发，"养成"方式仅局限于师徒之间的"传、帮、带"。

3. 注重消极防御，把人事管理工作的重心放在专门处理威胁工作顺利进行的"头痛问题"上；制定各种防范性消极行为的规定，缺乏启发人们产生积极行为的措施。

4. 重罚轻奖，致使职工怕受罚而不愿、不敢做没有充分把握的事，缺乏创造性，墨守成规。

5. 多限制、少激励。对员工的行为，多以法规加以严格的限制，缺少必要的激励措施，致使员工对工作处于消极被动状态。

二、科学管理的人事管理阶段的特点

19世纪末20世纪初，由于社会生产力的发展、机械的广泛应用和动力的改进，使过去许多由人工操作的工作逐步改由机器来代替，企业的生产速度得到加快，这样就使人的劳动效率得到了极大提高。企业产品数量急剧增加，为了获取利润就必须把产品迅速销售出去，所以这又加剧了企业间的激烈竞争。为在销售竞争中取胜，企业则需设法降低产品销售价格；为降低售价企业更需要先降低产品成本，而要降低成本又需先提高工作效率。科学管理就在这种背景下产生，并以提高效率为核心。科学管理的技术与方法，不仅在工厂企业中推行，而且引入机关、学校、医院等其他各类组织中应用。科学管理阶段的人事管理具有以下特点。

（一）制定科学的组织原则

在组织内部，企业根据工作性质、产品种类、工作程序、人员对象和地区范围的相同性及相近性划分部门和业务工作单位；根据管理幅度原理和控制的有效性来划分组织的不同等级层次，形成相对稳定的、等级森严的金字塔式的组织结构。

（二）重视工作效率和人力配置问题

1. 实现工作的高度专业化

通过动作研究和时间研究，人事管理人员把工作分解为许多简单的专业化操作的动作和程序，使每个工人所掌握的工作方法简单化，熟练程度大大提高，避免了不必要的人力、时间的浪费。最为典型的是流水生产线。

2. 建立工作考核标准

管理人员对所属的员工在工作上应达到的要求，用书面条款加以规定，并作为考核和衡量工作绩效的依据。

3. 设立工作评价标准

管理人员规定操作程序与定额方法，用来评定员工工作的难易程度及对组织贡献的大小，并根据评定的结果制定胜任岗位工作应具备的条件及应支付的工资薪金。

（三）改进报酬制度，体现了"奖勤罚懒"的"胡萝卜加大棒"政策

1. 计时工资制

按工作时间的长短给予工资和薪酬，分为年薪制、月薪制、周薪制、日薪制。

2. 计件工资制

根据所完成的工作数量的多少，支付工资。

3. 职务工资制

根据处理工作所需知识技能、工作繁简难易程度，制定应付工资标准。

4. 奖励工资制

根据工作效率的高低和超额劳动的实绩分别支付具有等级差异的奖励性报酬。

（四）开始注重对职工的工作业务培训

在科学管理阶段，企业通过实验，总结出一套科学的操作方法与程序，对职工进行培训，并普遍推广，改进管理者与职工的合作方式以提高工作效率。但是，科学管理并未把人力资源的地位提升到超越其他资源的层面，从而聚集于发掘其内在的动力。在今天看来，其作业导向式的管理理念，在对待人的问题上仍存在明显的不足。

三、现代人力资源管理阶段的特点

（一）人事管理的领域进一步扩大，由人事管理传统的狭隘内涵延伸到整个社会环境

以往的人事管理的研究范围多限于人事业务本身，所以其视野和思路是有限的、封闭的，与外界隔绝的，这样导致人事问题治标不治本。现代系统论的观点认为人事管理工作与社会环境有密切关系，要真正解决人事方面存在的问题，必须同时考虑与人事问题和企业目标相关的其他因素。过去的人事管理思想把人事工作看作为静态的、孤立的，以不变的制度来对付变化着的环境，其效果和负面影响是可想而知的。自系统理论和权变理论形成以来，特别是在对人的价值观念进一步更新的情况下，动态的人力资源管理思想渐趋成熟。这一思想明确人力资源管理会影响到其他因素，

而其他因素也会影响到人力资源管理。由于其他因素经常变化，因而处理人事工作的程序方法以及原则，也需要随之经常修正和调整。

（二）强调组织的开放性与适应性

现代系统理论认为，组织是社会系统的一部分，它与社会系统相互依赖、不断交流、密不可分。所以，组织已从封闭走向开放，重视同社会的交流和联系。组织本身又自成一个具有整体性和目标性的系统，并由四个分系统所组成，即输入分系统（如从组织的外部环境——社会大系统中取得原材料和人力）、技术分系统（也叫转化分系统，把原材料加工制成产品）、输出分系统（把加工成的产品输出给社会）、知识和信息分系统（包括处理工作的各种知识和信息）。同时，组织更为重视环境因素。环境包含政治、经济、文化、人员、技术等因素，各因素不但是经常变化的，而且对组织有很大影响。组织为求得生存和发展，就必须适应变化的环境而不断变革和发展自己的系统。现代管理强调组织的灵活性。所谓组织的灵活性，是指组织目标和组织结构要根据情况的变化而进行调整，组织内部的部门和等级的划分、集权和分权、人员的编制和定额等，都应随着组织目标的改变而不断修改和调整。这种组织的开放性、适应性和灵活性的观念，较之传统的、科学管理的人事管理阶段，已有很大转变。

（三）人力资源管理人员的专业化程度不断提高

人力资源管理从原来的执行性职能拓展到决策咨询、系统规划、战略研究和科学评价等多元职能，人力资源管理人员绝不是"办事认真者都能胜任得了"的，因而就要求管理人员素质不断提高，并向专业化方向发展。只有这样，人力资源管理人员才能胜任不断发展的现代人力资源管理的艰巨任务。

（四）人力资源管理的技术与方法的现代化

1. 从定性分析到定量分析

以往的人事管理，一般只进行定性分析，凭领导人和管理者的智慧经验做判断；忽视定量分析，致使所做的判断较为主观。现代人力资源管理在人员的选拔和决策方面，通过定性分析和定量分析相结合，不仅可避免管理人员的主观片面性，同时也为考核、检验决策的成效提供客观、切实的标准。

2. 系统模型管理

以系统模型来表示各变量之间的关系，以现代管理规范和准则管理人事档案资源。

3. 应用计算机和现代高新技术

计算机技术应用于人力资源管理有四个特点：第一，计算机能做快速的计算与可靠的计算，只要数学模型是正确的，计算结果一定正确；第二，计算机能将大量的数据资料存储在体积很小的磁盘中；第三，计算机能从存储的资料中，迅速检索所需资料；第四，计算机利用先进的软件可以迅速形成精确的方案以供决策，大大提高管理效能。计算机应用于人力资源管理使人力资源管理工作从手段到理念、视野都进入了一个崭新阶段。

第四节　人力资源的基本内容体系

人力资源管理是指企业的一系列人力资源政策及与人力资源相关的管理活动。这些活动主要包括企业人力资源战略的制定、员工的招募与选拔、培训与开发、绩效管理、薪酬管理、员工关系管理、员工安全与健康管理等，即企业运用现代管理方法，对人力资源的获取（选人）、开发（育人）、保留（留人）和使用（用人）等方面所进行的计划、组织、指挥、控制和协调等一系列活动，最终达到企业发展目标的一种管理行为。人力资源管理包括以下基本内容。

1. 人力资源战略与规划

即把企业人力资源战略转化为中长期目标、计划和政策措施，包括对人力资源现状分析、未来人员供需预测与平衡，确保企业在各发展阶段能获得所需要的人力资源（包括数量和质量两个方面）。

2. 工作分析与设计

工作分析与设计是对企业各个工作职位的性质、结构、责任、流程，以及胜任该职位工作人员的素质、知识、技能等，在调查分析所获取相关信息的基础上，编写职务说明书和岗位规范等人力资源管理文件。工作分析是人力资源各项管理工作的基础。工作分析的信息可被用来规划和协调几乎所有的人力资源活动。

3. 员工招聘与录用

招聘与录用是根据人力资源规划和工作分析的要求，为企业招聘、选拔所需要的人力资源并录用、安排到一定岗位上。

4. 员工培训与开发

通过培训提高员工个人、群体和整个企业的知识、能力、工作态度和工作绩效，进一步开发员工的智力潜能，以增强人力资源的贡献率，改进组织的绩效。

5. 绩效管理

绩效管理是员工在一定时间内对企业的贡献和工作中取得的绩效进行考核和评价，及时做出反馈，以便提高和改善员工的工作绩效，并为员工培训、晋升、调薪等决策提供依据。

6. 薪酬管理

包括对基本薪酬、绩效薪酬、奖金、津贴及福利等薪酬结构的设计与管理，以激励员工更加努力地为企业工作。

7. 劳动关系管理

管理者通过协调和改善企业与员工之间的劳动关系，进行企业文化建设，营造和谐的劳动关系和良好的工作氛围，有助于保障企业经营活动的正常开展。

8. 国际人力资源管理

21世纪的企业将面向全球竞争。要获得其竞争优势，企业的人力资源管理工作也必须面对全球化，即在跨国经营环境下，掌握跨国文化下企业的人力资源管理问题，掌握影响国际人力资源的环境因素及国际企业人力资源开发与管理的过程。

9. 人力资源研究

企业要实现战略目标，管理者必须重视对人力资源管理工作的研究，即对企业人力资源管理诸环节的运行、实施的实际状况、制度建设和管理效果等方面进行调查评估，分析和查找企业人力资源管理工作的性质、特点和存在的问题，提出合理化的改革方案，使员工的积极性和创造性被充分调动起来。

第二章 人力资源管理的基本理论

本章主要论述人力资源管理的哲学和原理、"人"与"事"的矛盾规律以及如何运用这些理论做好人力资源管理工作等问题。

第一节 人力资源管理的哲学

人的行为总是部分地建立在他个人所做的一些基本假设基础之上的，对于人力资源管理者来说，也是如此。

管理者对员工的一些基本假设，如他们是否值得信任，他们是否不喜欢工作，他们是否具有创造性，他们为什么以那样的方式做事，如何对待他们等，构成了管理者的人力资源假设。每一个管理者所做的每一项有针对性的人力资源决策，都反映出其人力资源管理的哲学。

这种哲学一部分是先天的，另一部分是后天形成的。一个人从开始工作就有某种管理哲学，它是建立在某个人的经历、教育以及其他一些背景情况基础之上的；但是这种哲学并不是固若顽石，是随着一个人知识和经验的积累而不断发生变化的。

一、X 理论和 Y 理论

道格拉斯·麦格雷戈（Dong Las Megregir，1906—1964）认为，由于人有两种截然不同的本性，所以企业管理有两种可供选择的理论。麦格雷戈把这种完全对立的理论分别叫作"X 理论"和"Y 理论"。

（一）X 理论的假设

X 理论最核心的观点就是要证明人是"经济人"，对工人的管理可以用强制的和惩罚的方法。

1. 一般人天生是懒惰的，从本质上说都是不喜欢工作的，并且他们都尽可能逃避工作。因此，必须对他们实行强制性管理。

2. 基于人对劳动有与生俱来的厌恶感这一特点，所以大多数人都必须进行强迫、控制以及指挥，甚至要以严厉惩罚等方式给予威胁，才能促使他们按照人力资源规定的计划和目标尽到力。

3. 一般来说，大多数人都愿意被人指挥并且缺乏进取心、责任心，不愿对人和事负责，更不愿去冒大的风险。因此，必须有人指挥、管理他们，他们也宁愿接受指挥、接受他人的管理。

（二）Y 理论的假设

Y 理论是麦格雷戈在对"X 理论"这种传统理论进行剖析和批判后提出的新理论，该理论的核心观点是"人是自我实现人"。

1. 一般人在本质上并不厌恶工作，愿意为社会、为他人做贡献，因此要有意引导人们自觉地去工作。

2. 外部控制和惩罚威胁并不是能够让人们为组织目标而奋斗的唯一手段。

3. 激励人们的最好办法是满足他们的成就感、自尊感和自我实现感等高层次需求。

4. 在适当的条件下，一般的人不仅愿意承担责任而且会主动地去寻求责任感。

5. 较高的想象力、理解力、创造力等各种能力，是非常广泛地体现在每一个人身上的，而不仅仅集中在少数人身上。

（三）与 X 理论、Y 理论相对应的两种组织体系

任西斯·里卡尔特（Rensis Likert）认为，这两类基本假设很明显地存在于两种基本的组织类型或组织体系中，即组织体系 I 和组织体系 II。

在组织体系 I 中，表现为：第一，组织的管理实践所表现出来的是对下属没有信心也不信任；第二，下属是在威胁和惩罚之下被强迫工作的；第三，各种决策以及组织目标都是由高层制定的；第四，控制权高度集中于高层管理人员手中。在管理工作中，其中前两个方面表现出了管理者对下属的不信任，后两方面体现出管理者的独裁。

在组织体系 II 中，表现为：第一，组织的管理实践给人的感觉是对下属具有充分的信心和信任；第二，对工人的激励是借助管理参与和决策参与实现的；第三，决策权广泛分散而不是高度集中；第四，监督人员和下属之间的关系是具有包容性的和友好的；第五，控制的责任广为分散，较低层次的人也负有完全的责任。显而易见，前两方面表现出管理者对下属给予充分的信任并采取有效的激励手段，后三个方面体现出了管理者与下属之间的民主。

二、复杂人假设（超 Y 理论）

沙因认为 X 理论和 Y 理论各自反映出当时的时代背景，并适合于某些人和某些场合。但是，人有着复杂的动机，不能简单地归为一种。

事实上，人的工作动机不仅受生理、心理、社会等因素的影响，还受时间等因素的影响。因此，他提出了复杂人的假设，其观点如下。

1. 人的工作动机复杂多变。每个人都有许多不同的需求，人的动机结构不仅因人而异，而且同一个人也因时而异、因地而异。

2. 人的动机模式是与组织相互作用的结果。一个人在组织中可以形成新的需求和动机。

3. 人的工作动机与所在的组织和团体有关。

4. 人的工作动机与所在的组织是否一致。一个人是否感到满足，肯为组织尽力，决定于他本身的动机结构与他同组织之间的相互关系。

5. 人的工作动机与管理方式有关。人可以依据自己的动机、能力及工作性质对不同的管理方式做出不同的反应。

三、需求层次理论

美国著名的人本心理学家马斯洛将人的需要分为五个层次，即生存需求、安全需求、社交需求、尊重需求、自我实现需求。

1. 生存需求

这是人的最原始、最基本的需求。当基本的需求得到了满足，新的、更高一级的需求又会出现，依次类推。

2. 安全需求

当一个人的生理需求获得满足之后，就会出现安全需求，包括防止自身的生理肌体遭受损害、防止疾病、防止经济灾难、要求劳动安全、生活有保障、避免感情上的打击和意外事件的发生等。

一个生活不安的人，迫切需要有一种稳定和秩序感，否则他们就总是处在一种紧张的、时时需要应付突发事件的惶恐状态。处于这种状态的人难以一心一意地开展工作。

3. 社会需求

这主要包括友谊、爱情、归属等方面的需求。马斯洛指出，当一个人生理和安全的需求得到满足之后,这个人就开始追求与他人建立友情,即在自己的团体里求得一席之地。

4. 尊重的需求

这种需求包括自我尊重和社会(他人)对自己的尊重两个方面。自尊,包括对获得信心、能力、本领、成就、独立、自由等方面的感知;社会(他人)对自己的尊重,包括接受、承认、关心、荣誉、威望、地位等方面的给予。一个人如果有了足够的自尊心加之社会对他的认可,工作起来就会充满信心,事半功倍。

5. 自我实现需求

这是最高一级的需求。马斯洛解释为这样一种需求:"要求自己越来越成为自己要做的人,成为自己能够达到的最高限度的人。"马斯洛又把这种需求描述成"一种思想要变得越来越像人的本来样子,实现人的全部潜力的欲望"。一个人自我实现需求的满足将更提高这种需求的强度。

这五种需求的排列是由低层次向高层次迈进的。其中,生存、安全需求属于物质层次的需求,而社会交往、受尊重、自我实现需求则属于精神层次的需求。

人们的这五种需求是同时存在的,但是在不同的时代、社会条件下,每种需求的强度是不同的。而各自的需求强度不同,呈现出不同的需求结构。最强烈的需求起主导作用,称为主导需求。

需求产生动机,动机导致行为。在若干个动机中,总有一个动机强度是最大的,称为优势动机。优势动机是人们行为产生的直接原因。

研究人们的需求层次及结构,是做好人力资源管理工作的基础和前提。

四、期望理论

维克多·弗罗姆(Victor Vroom)认为员工选择做与不做某项工作取决

于三个具体因素。

1. 员工对自己的某项工作的能力认知。一般来说，如果员工相信自己做得到，则动机就会较强烈；反之，如果认为不能，动机将有所降低。

2. 员工的期望（或信念）。如果员工从事了某项工作，渴望达成一定的结果，则反映出他做该项工作的动机很强烈；相反，若员工总认为不会达到所期望的结果，则他动机不定。

3. 员工对某种结果的偏好。如果一位员工真的希望加薪、晋升或其他结果，则动机很强烈。但如果认为是一个消极结果，如延长工作时间、合作者的嫉妒等，就不会受到激励。

该理论对于管理者的启示是应该让员工感觉到他们具有完成工作任务的能力，会对他们的工作成绩给予奖赏，且这种奖赏对他们而言是有价值的。

弗罗姆认为，人们从事某一工作的动机强度，或者被激发出的力量（积极性）大小，取决于目标价值（效价）大小和预计能够达到这个目标的概率（期望值）。用公式表示为：

$$动机强度 = 效价 \times 期望值$$

为了使动机强度达到最佳，弗罗姆提出了人的期望模式。根据人的期望模式，为了有效地激发人的动机，需要正确处理好努力与成绩的关系、奖励与个人需要的关系。

五、公平理论

公平理论是美国心理学家史坦斯·亚当斯（J.Stacey Adams）提出的一种激励理论。他所确立的公平理论解释了员工的公平感是如何影响他们行为的。他发现，员工的工作动机，不仅受到其所得绝对报酬的影响，而且受到相对报酬的影响，即一个人不仅关心自己收入的绝对值（自己的实际收入），而且也关心自己的相对价值（自己收入与他人收入的比较）。

每个员工都会不自觉地进行两种对比。

1. 他们把自己对工作的投入和产出进行对比。投入可能包括努力程度、教育背景和经验，产出包括报酬、福利、职务晋升和工作的"特权"，如出差能否享受软卧、高级酒店、豪华的办公环境等。如果员工感觉到投入和产出之间的不公平，他们会把大部分精力放到修正这种不公平上，并不是他们的本职工作上。

2. 把自己的投入与产出和同事的投入与产出相比较。如果他们认为其他员工投入更少而产出更多，他们同样会把精力放在修正这种不公平上。

员工一旦产生不公平感，就会影响工作的积极性。人们就会寻找达到心理平衡或其他办法，如减少工作努力程度、讨好领导、钻空子、辞职等。

亚当斯的公平理论有助于解释为什么有些员工会丧失动机。如果员工个人认为报酬制度是公平合理的，就能有效地激发员工的积极性。管理者要为员工创造一个公平的竞争环境，做到合理分配、同工同酬，公平对待组织内的每一个成员，将员工的积极性调动起来。

六、双因素理论

双因素理论是美国心理学家赫茨伯格（F.Herzberg）通过长期调查研究后提出的。

双因素理论比较系统地分析了如何通过一定的条件激励员工士气的现实可能性，并对员工复杂多变的心态进行了科学研究与精辟的内涵界定。

赫茨伯格区分了两种层次的激励因素。

第一种是"不满意因素"或称"保健因素"。包括工作安全、工资、福利、工作条件、监控、地位和公司政策等外部因素，如果这些方面安排得不好，员工就会产生不满意感。这些因素与马斯洛的生理、安全、社会交往需要很相似。

第二种是"满意因素"或称"激励因素"。它是能够使员工感到满意的因素，这些因素主要是由员工从事的工作本身所产生的，包括工作成就感、认可程度、责任感、发展潜力与前景等。这些因素有助于员工建立自尊和挖掘自我潜力，同马斯洛的尊重和自我实现需要很相似。

赫茨伯格认为保健因素的缺乏会造成员工的不安全和不满意，但是这些因素的存在并不是为了产生激励工作的力量；而激励因素能够提高员工的满意度，它的缺乏虽然不会引起员工的不满意，但是它的存在会创造出一个积极有活力的工作环境。

双因素理论说明管理者必须满足员工的高层次需要，而不是基本需要，才能达到激励员工的目的，即不但要注意满足保健因素，更要注意满足激励因素。

七、强化理论

B.F.斯金纳认为，员工会根据自己行为的后果选择行为。某种行为产生了一种积极后果，个体就可能有重复的动机，称为"积极强化"。比如，员工在某项工作中表现出色，受到表扬，他还会继续坚持做。如果行为并未产生消极后果，个体也有可能重复同样的行为，称为"消极强化。例如，一个人做了坏事，并没有受到批评，他便有可能再犯。

斯金纳把运用积极和消极的后果所影响人们行为的过程称为"行为塑造"。

该理论的启示是，在人力资源管理过程中应该奖罚分明。

该理论的缺陷在于，假设员工不进行思考，只是简单地对刺激做出反应，则并不认为员工理解自己的需要。另外，该理论也没有涉及人的高层次需求。

第二节 人力资源管理的原理

人力资源管理的原理有许多,在此,介绍几种常见的原理。

一、同素异构原理

同素异构原理是从化学中借用的概念,意指事物的成分因在空间关系上即排列次序和结构形式上的变化而引起不同的结果,甚至发生质的变化。

把自然界中的同素异构原理移植到人力资源管理中,是指同样数量的人采用不同的组织结构,可取得不同的效果。好的组织结构可以有效地发挥整体功能大于个体功能之和的优势。合理的组织结构,可以充分地发挥人力资源的潜力,发挥组织的系统功能。

二、能级层序原理

能级层序是来自物理学的观念。"能"是表示做功的能量;"能级"是表示事物系统内部个体能量大小形成的结构、秩序、层次。

将能级层序原理引入人力资源开发与管理中,主要指具有不同能力的人应配置在组织中的不同职位上,给予不同的权利和责任,使能力与职位相应,组织结构才会相对稳定。这里的能力不仅指知识、经验,还包括人的道德水平、价值观。

三、要素有用原理

要素有用原理的含义是指在人力资源开发与管理中,任何要素(人员)

都是有用的。

首先，要承认人的能力、知识及价值观是有差异的，也是多元的。

其次，要根据每个员工的知识、能力、经验等要素，配置到合适的职位上。

最后，作为管理者或人力资源管理部门要善于发现员工的特点，用其所长、避其所短。

四、互补增值原理

互朴增值原理的含义是将各种差异的群体，通过个体间取长补短而形成整体优势，以实现组织目标。互补的内容主要包括五个方面。

知识互补——在一个群体中，若个体在知识领域、广度和深度上实现互补，那么整个集体的知识结构就比较全面、合理。

能力互补——在一个群体中，若个体在能力类型、大小方面实现互补，那么有助于形成优势，从而使组织的能力结构更加合理。

性格互补——就一个集体而言，每个个体具有不同的性格特点，而且具有互补性，这样就易于整个组织形成良好的人际关系和胜任处理各类问题的良好的性格结构。

年龄互补——合适的人员年龄结构，可以在体力、智力、经验、心理上形成互补，从而有效地实现人力资源的新陈代谢，使企业焕发持久的活力。

关系互补——每个人都有自己特殊的社会关系，从整体上看，关系互补就易于发挥集体的社会关系优势。

五、动态适应原理

动态适应原理其含义是指随着时间的推移，员工个人状况、组织结构、外部环境等也会发生变化，人力资源管理要适时予以调整，以适应各种变化。

员工个人状况的变化包括他们的年龄、知识结构、身体状况等。

组织结构包括机构组织结构、人才组织结构、岗位组织结构、生产组织结构等。

外部环境包括科学技术的进步、竞争的加剧等。

人与事的不适应是绝对的，适应是相对的，从不适应到适应是在运动中实现的，是一个动态的适应过程。因此，实行人力资源动态管理，主要内容包括五个方面：

1. 实施岗位的调整或岗位职责的调整；
2. 实施人员的调整，如进行竞聘上岗、平行调动；
3. 实施弹性工作时间，如聘任小时工；
4. 培养、发挥员工一专多能的才干，实现岗位流动；
5. 实施动态优化组合，实现组织、机构人员的优化。

根据动态适应原理，这就要求企业经营管理者和人事部门密切注视各种因素的变化，及时调整，使人与事相适应。

六、激励强化原理

所谓激励，就是以物质和精神满足员工的需求，激励职工的工作动机，使之产生实现组织目标的特定行为的过程。

人力资源的开发与管理，应注重动机的激发，即对人的激励。激励可以调动人的主观能动性，强化期望行为，使之适应企业目标，从而显著地提高劳动生产率。

七、公平竞争原理

公平竞争原理是指竞争条件、规则的同一性原则。在人力资源管理中，公平竞争原理是指考核录用和奖惩过程中的统一性竞争原则。这里的同一性是指起点、尺度、条件、规则的同一性。

在人力资源管理中，运用竞争机制要注意以下三点。

1. 竞争的公平性。企业管理者应严格按规定办事并一视同仁，对员工应给予鼓励和帮助。

2. 竞争的强度。没有竞争或竞争强度不够，企业会缺乏活力；相反，过度竞争会使人际关系紧张，破坏员工之间的协作，破坏组织的凝聚力。因此，掌握好竞争的强度是一种领导艺术。

3. 竞争的目的性。竞争应以组织目标为重。良性竞争可提高效率，增强活力，又不会削弱凝聚力；而恶性竞争必然损害组织的凝聚力，并且难以实现组织目标。

企业运用公平竞争原理，应坚持公平竞争、适度竞争、良性竞争三项原则。

八、信息催化原理

信息是指作用于人的感官被大脑所反映的事物的特征和运动变化的状态。信息催化原理是指人们通过获得自然、社会、人类自身的信息，能动地认识客观世界并改造世界的思想。

根据这一原理，在人力资源管理中，公司领导应向员工提供各种信息，如高新科学技术发展趋势、最新的工艺操作方法、劳动技能、新的价值观、安全生产知识等；其方式也是多样化的，如出国留学深造、专业技能培训、脱产学习等；也可以通过文字以简报或建立企业内部局域网来传达各种信息，从而促使信息管理这一基础性工作上档次、上水平。

九、企业文化凝聚原理

企业文化凝聚原理是指以价值观、理念等文化因素把员工凝聚在一起。

组织的凝聚力大小取决于两个方面：一是组织对个体的吸引力或者说个人对组织的向心力；二是组织内部个体之间的黏结力或吸引力。

一个组织的凝聚力不仅取决于物质条件，更取决于精神因素，如企业内在共同的价值观、理念、目标。企业文化是企业的灵魂，具有极强的凝聚力，是企业员工的黏合剂。

第三节 人事矛盾规律

客观地说，人与事之间总是有矛盾的。如何解决矛盾，将矛盾的摩擦减少到最低限度，是人力资源管理的重要内容。

一、人事矛盾的一般规律

人与工作岗位及工作过程之间的矛盾表现为三个方面：

1. 事的总量和人的总量的矛盾，称为总量矛盾。
2. 事的类型结构与人的能力结构、素质类型的矛盾，称为结构矛盾。
3. 具体的岗位（职位）与个人的资格素质的矛盾，称为个体矛盾。

这三种矛盾无论是在一个国家、地区，还是在一个企业中，都是普遍存在的。

二、人事矛盾产生的客观原因

人事矛盾的产生，有其客观的必然性。第一，人和事都是处在动态变化之中的。随着社会的进步，生产力和科学技术的发展，环境的污染、破坏成了亟待解决的问题。第二，人和事的发展不可能完全同步。第三，人和事都存在着个体的差异。另外，人事匹配受许多客观条件的限制，如市场和信息的完备、迁移成本（空间成本）、制度因素等。

三、解决矛盾的方法

（一）运用科学方法实现有效配置

一方面，只有把员工配置到合适的岗位上，其才能才会得到充分的发挥；另一方面，只有所有的岗位有合适的人去做，才能使企业具有竞争力。要实现上述目标，必须应用现代管理技术，如工作分析、岗位设置等方法。

（二）实行动态调整

事实上，人和事物总是处于变化之中，要使企业运行具有持续性，必须根据实际情况实施动态调整，以适应变化的环境。

（三）培养员工的奉献精神

一方面，对于任何一个企业来说，员工的岗位配置总是不能尽善尽美的，在这种情况下，能否做好工作，取决于员工的奉献精神。另一方面，激烈的国际化竞争、高新技术的进步等因素，已经引发了剧烈的社会变更，在这种变更中也需要员工的奉献精神。

1. 确立"人高于一切"的价值观

就像Y理论所强调的，人是应当受到尊重、值得信任的，并且都想把工作做好，人是具有创造性和进取心的。承认、尊重并设法满足人的合理要求，正是"以人为本"价值观的体现。

2. 实现双向沟通

近几年企业界正流行的一种创新管理方式——"走动式"管理，它主要是指企业管理者体察民意，了解实情，与员工打成一片，共创业绩。

企业管理者与员工应达到感情上的沟通，确保公平对待、一视同仁，可采取与员工共同就餐、参与集体活动等方式，从而调动其工作积极性。

3. 创造团队意识

管理者应使员工将自身的利益得失与企业的经营目标结合在一起，一荣俱荣、一损俱损，鼓励他们参与企业的管理。全体员工彼此之间团结协作，进而发挥出最大的潜能，以适应未来的协作性社会。

4. 实行彻底的"以价值观为基础的雇佣"

企业的成败，关键因素之一就是全体成员价值观的认同，组织对员工的吸引力，很重要的因素就是共同的理念、共同的价值观、共同的目标。企业在雇佣员工时，要选择那些与企业价值观相一致的人。这样，企业就不至于使所选人员不令人满意，从而造成额外费用，增加成本。

5. 丰厚的报酬

丰厚的薪酬策略是留住人才的重要因素之一，适当的物质激励可以激发员工的工作积极性。企业应建立一个多样化、差别化、个性化的奖励体系，使奖励尽可能满足每个员工的特殊要求。

6. 员工价值的自我实现

管理者应促使员工实现其个人价值的最大化，并为员工最大限度发挥能力实现个人价值提供一个良好的模式。

领导的艺术在于让员工在成功中走向更大的成功，让每一个员工都有成就感，以实现自己人生的最大价值。

第三章　人力资源管理的基本模式

第一节　绩效管理模式

一、绩效管理概述

绩效管理是人力资源管理的核心职能之一。学术界对绩效管理的认识仍存在争议，争议的焦点主要在于绩效管理的对象或客体。根据绩效管理对象的不同，可划分三种不同的绩效管理模型：绩效管理是管理组织绩效的系统；绩效管理是管理员工绩效的系统；绩效管理是管理组织绩效和员工绩效的综合系统。

从组织角度进行绩效管理，是为了提高组织绩效，实现组织的总体目标。这种观点的核心在于设计组织战略，并通过组织结构、技术系统和程序等来加以实施；主要从组织的角度来考虑绩效目标的设置、绩效改进和考察，员工虽然会受到影响，但不是主要的分析重点。例如，布瑞德鲁普从组织绩效的角度分析绩效管理，认为绩效管理主要包括绩效计划、绩效改进和绩效考察三方面内容。绩效计划是系统地阐述组织的预期目标和战略，并界定绩效的活动；绩效改进则包括组织流程再造、持续改进、标准化和全面质量管理等过程；绩效考察是指确定绩效评价标准的设计和进行绩效评价。

另一些学者认为绩效管理是管理员工绩效的系统，即绩效管理是组织对员工关于其工作绩效及发展潜力的评价和奖惩，并认为绩效管理有周期性。例如，艾恩斯沃斯和史密斯认为绩效管理分为绩效计划、绩效评价和绩效反馈三个过程；托瑞顿和霍尔将绩效管理分为绩效计划、支持和绩效考察三个步骤。这些学者的观点在绩效管理系统的具体构建方面各有不同，但他们存在一些一致的观点。如绩效管理的主要考虑对象是员工个体，首先管理者应和员工一起设置绩效目标并与其达成一致的承诺；其次对实际期望的绩效进行客观衡量或主观评价；最后通过反馈进行调整，确定员工可接受的绩效目标后，员工采取具体行动实现绩效目标。

第三种观点认为绩效管理是管理组织绩效和员工绩效的综合系统。这种观点不是前两种观点的简单加总，而是认为绩效管理是管理组织绩效和员工绩效的综合系统。一些综合绩效管理模型旨在提高组织绩效，但却强调对员工的干预。例如，考斯泰勒认为绩效管理通过将各个员工的工作与整个组织的目标联系起来，共同支持组织整体目标的实现。事实上，任何组织进行绩效管理的目的都是实现组织目标。因此，对员工的绩效管理总是发生在一定的组织背景中，离不开特定的组织战略和组织目标；而对组织绩效进行管理，也离不开对员工的管理，因为组织的目标是通过员工来实现的。这些观点说明，管理者必须在几个层次上进行绩效管理，全面的绩效模型应涉及组织、个人和介于两者之间的各个层次。

从人力资源管理角度来看，管理者应更多关注员工个体的绩效。如果把绩效界定在个体层面上，我们可以把绩效管理界定为在特定的组织环境中，与特定的组织战略、目标相联系，对员工的绩效进行管理以期实现组织目标的过程。

绩效管理的根本目的就是让组织的每一位员工每天的工作行为都与组织的战略紧密相连。科学完善的绩效管理系统应能够帮助组织实现组织目标，使组织和员工实现双赢。具体来说，绩效管理的目的有三个层次：战略性目的，即有效的绩效管理有助于组织实现战略目标；管理性目的，即组织可以绩效管理系统为基础，进行员工薪酬福利和员工认可计划等方面的管理决策；发展性目的，即绩效管理成为员工丰富专业知识和提高工作技能的基础。

二、绩效管理系统

组织为了实现经营计划与战略目标，必须建立高效的绩效管理系统。关于绩效管理系统的组成，不同的学者提出了不同的观点。例如，英国学者理查德·威廉姆斯把绩效管理系统分成四个部分：指导/计划，即为员工确定绩效目标和评价绩效的标准；管理/支持，即对员工的绩效进行监督和管理，并提供反馈和支持，帮助他们排除制约绩效目标完成的障碍；考查/评价，即对员工的绩效进行考查和评价；发展/奖励，即针对绩效评价结果，对员工进行相应的奖励、培训和安置。多数学者认为，绩效管理系统包括绩效计划、绩效辅导、绩效评价、绩效评价结果反馈与运用等方面。组织的绩效管理系统通过管理者与员工共同参与的绩效计划、绩效辅导、绩效评价以及绩效评价结果反馈与运用等过程，确保实现组织绩效目标。

（一）绩效计划

绩效计划是管理者和员工共同讨论以确定员工绩效周期内应实现的绩效目标的过程。作为整个绩效管理过程的起点，绩效计划阶段是绩效管理循环中重要的环节之一。组织需要根据实际情况不断地调整绩效计划。

为了制订出合理的绩效计划，管理者与员工应通过双向的互动式沟通，在制定绩效周期内的绩效目标和如何实现预期绩效的问题上达成共识，绩效计划的内容除了最终的个人绩效目标之外，还包括员工应采用什么样的工作方式、付出什么样的努力、进行什么样的技能开发等，以达到预期的绩效结果。

一方面，为了使绩效计划能够顺利实施，在绩效计划阶段，员工必须参与。员工参与是绩效计划得以有效实施的保证。社会心理学家认为，由于人们对于自己亲自参与做出的选择的投入程度更大，从而增加了目标的可执行性，有利于目标的实现。另一方面，由于绩效计划不仅是确定员工的绩效目标，更重要的是让员工了解如何才能更好地实现目标，员工应通过绩效计划中的互动过程了解组织内部的绩效信息沟通渠道、了解如何才能够得到来自管理者或相关人员的帮助等。从这个意义上讲，绩效计划的过程更加离不开员工的参与。

在绩效计划阶段，管理者和员工应该经过充分的沟通，明确为了实现组织的经营目标员工在绩效周期内应该做什么事情以及应该将事情做到什么程度，即明确员工的绩效目标。设置绩效目标是绩效计划阶段必须完成的重要任务。

（二）绩效辅导

绩效辅导阶段处于整个绩效管理过程的中间环节，是绩效管理循环中耗时最长、最关键的一个环节，也是体现管理者和员工共同完成绩效目标的关键环节。绩效辅导的好坏直接影响着绩效管理的成败。

绩效管理强调员工与管理者的共同参与，同时强调员工与管理者之间形成绩效伙伴关系，共同完成绩效目标的过程。这种员工的参与和绩效伙伴关系在绩效辅导阶段主要表现为持续不断的沟通。绩效辅导阶段主要的工作包括持续不断的绩效沟通、收集信息形成评价依据等。

绩效沟通贯穿于绩效管理的整个过程。在不同阶段，绩效沟通的重点也有所不同。在绩效辅导阶段，沟通的目的一方面是员工向管理者汇报工作进展或就工作中遇到的问题寻求帮助和解决办法，另一方面是管理者对员工的实际工作与绩效计划之间出现的偏差进行及时纠正。

绩效辅导阶段的沟通尤其重要。员工在完成计划的过程中可能会遇到外部障碍、能力缺陷或者其他意想不到的情况，这些情况有可能影响计划的顺利完成，员工在遇到这些情况的时候应当及时与管理者进行沟通，管理者则要与员工共同分析问题产生的原因。如果属于外部障碍，管理者则应尽量帮助下属排除外部障碍；如果是属于员工本身技能缺陷等问题，管理者则应提供技能上的帮助或辅导，以帮助员工达成绩效目标。同时，在绩效辅导阶段员工有义务就工作进展情况向管理者汇报。通过这种沟通，使管理者能够及时了解员工的工作进展情况。

在绩效辅导阶段，管理者在与员工保持绩效沟通和辅导的同时，还有一项重要工作就是进行信息的收集和记录，为公平、公正评价员工的绩效提供依据。具体来说，信息收集的主要目的在于为绩效评价、绩效诊断、绩效改进提供事实依据。绩效评价结果的判定需要以明确的事实依据作为支持，尽管绩效周期初确定的工作目标或任务可以反映一些问题，但也不足以完全证明员工按照规程、制度进行了操作。收集或记录的过程信息，可以作为对员工绩效诊断和绩效评价的重要依据。

（三）绩效评价

绩效评价是绩效管理过程中非常重要的环节。绩效评价是针对组织中每位员工所承担的工作，通过应用各种科学的方法，对员工的工作行为、工作结果及其对组织的贡献或价值进行考察和评价，并反馈评价结果的过程。

绩效评价是一项系统工程，涉及组织战略目标体系及其目标责任体系、评价指标体系设计、评价标准及评价方法等内容，其目的是做到人尽其才，使员工的能力得到淋漓尽致的发挥。为了更好理解"绩效评价"这个概念，首先要明确绩效评价的目的及重点。组织制订战略目标后，需要把目标层层分解到组织内部各个部门及各个组织成员。绩效评价就是对组织成员完成工作目标的跟踪、记录、评价。

为了提高绩效评价的有效性，组织必须构建有效的绩效评价系统，并获得组织成员的支持。如果没有组织成员的支持，绩效评价就难以获得成功。例如，如果管理者认为绩效评价系统只是浪费时间、没有真正价值，他们可能就不会根据要求填写评价表；如果员工认为绩效评价系统无效，工作士气和动机就会受到影响。

1. 绩效评价工具

构建了有效的绩效评价系统之后，组织还要选择适当的绩效评价工具。人力资源管理者可以从大量的绩效评价方法中选择具体的绩效评价工具。组织常用的绩效评价方法包括图表式评价量表、行为锚定评价量表、行为观察量表、KPI、平衡计分卡等。在选择过程中，组织必须综合考虑多种因素，其中三个重要的因素是绩效评价工具的实用性、成本以及被评价岗位的工作性质。

2. 绩效评价主体

绩效评价主体的选择是确定了绩效评价方法之后必须要进行的工作。根据传统观点，大多数组织选择上级主管来评价下属的工作绩效。随着社会经济的发展，人与人之间的合作日益重要，为顾客服务更是许多组织经营的宗旨。这些在上级主管评价绩效的活动中难以得到体现，甚至会出现同事之间相互损害利益以讨好上级主管的现象。因此，在绩效评价这个问题上，越来越多的组织选择360度绩效评价。

360度绩效评价，是指由员工自己、上司、下属、同级同事以及客户等担任绩效评价者，对被评价者进行全方位评价，评价内容涉及员工的工作绩效、工作态度和能力等方面。绩效评价结束后，管理者通过反馈程序，将绩效评价结果反馈给被评价者，达到改变员工工作行为、提高工作绩效水平的目的。与传统的评价方法相比，360度绩效评价从多个主体的角度来评价员工的工作，使评价结果更加客观、全面和可靠。特别是对反馈过程的重视，使绩效评价起到"镜子"的作用，并提供了员工之间相互交流和学习的机会。

在进行360度绩效评价时，一般是由多名评价者匿名对被评价者进行绩效评价，采用多名评价者，虽然扩大了信息收集的范围，但无法保证所获得的信息就是客观准确、公正的。首先，员工对他人的绩效评价会带有情感因素。在同一组织工作的员工，既是合作者，又是竞争对手，考虑到各种利害关系，评价者有时甚至会故意歪曲对被评价者的评价。其次，员工很可能因为惧怕权威，而给上级主管较高的评价；反之，这种绩效评价方式容易成为下属发泄不满的途径。再次，员工可能会对360度绩效评价充满恐惧感，担心自己的评价会被上司知晓，同时也担心通过这种评价方式收集的信息是否能够得到客观公正的处理。

为了使360度绩效评价能够得以顺利推行并取得较好效果，应注意以下几点。第一，组织必须获得高层管理者的支持，高层管理者必须在组织内部营造一种变革、创新、竞争、开放的文化，使员工摒弃旧有的传统观念，敢于竞争、敢于发表意见、敢于接受别人的评价，让员工能够从思想上接受这种绩效评价方式。第二，管理者应加强宣传和沟通，让员工了解绩效评价的目的，尽可能使360度绩效评价中的人为因素的影响降到最低程度。在实施360度绩效评价的过程中，组织必须对评价者进行有效培训，尤其是评价的准确性、公正性方面，指出他们在评价过程中可能犯的错误，以帮助他们提高绩效评价技能。第三，组织要尽可能寻找员工充分信任的人员，如可聘请组织外部专家来执行360度绩效评价项目。第四，360度绩效评价在推行过程中也可以采取灵活的方式进行。在人员流动性大、竞争性强的部门或组织，推行360度绩效评价是很有效的；在人员相对比较固定的部门或组织，因为营造"人和"的氛围很有必要，在这种情况下，360度绩效评价也可以施行，但是评价的结果可以不作为被评价者薪酬调整、晋升等的依据（因为这样容易带来组织或部门内部人际关系紧张），评价的结果应仅仅用于员工的发展。

3.确保绩效评价结果公平公正

由于绩效评价结果往往与员工的利益及发展等各个方面紧密联系，管理者在绩效评价阶段的重要责任之一是对员工的绩效进行公正、公平和准确评价。为了使员工的工作绩效得到科学、准确、公正、公平的评价，实现绩效管理的良性循环，组织除了选择360度绩效评价之外，还应积极采取有效措施，以保证绩效评价过程的公平。例如，大多数组织绩效评价委员会，会对已经完成的绩效评价结果进行评审。绩效评价委员会一般由组织高层管理者、中层管理者代表和员工代表组成。在绩效评价过程中被评价者的意见可以向绩效评价委员会工会、人力资源管理部、部门主管及高层管理者反映。

第二节　薪酬管理模式

一、薪酬管理概述

薪酬管理，是在组织发展战略指导下，对薪酬策略、薪酬水平、薪酬结构、薪酬构成等进行确定、分配和调整的动态管理过程。

薪酬管理对任何组织都至关重要，这是因为一方面组织的薪酬管理要同时达到公平性、有效性和合法性三大目标；另一方面组织经营对薪酬管理的要求越来越高，而薪酬管理受到的制约因素越来越多。除了基本的组织经济承受能力、政府法律法规外，还涉及组织不同发展时期的薪酬战略、内部人才定位、外部人才市场以及竞争对手的薪酬策略等因素。

薪酬管理的公平性，是指员工对于组织薪酬管理系统以及管理过程的公平性、公正性的看法或感知，这种公平性涉及员工对于自己在工作中获取的薪酬与组织内部不同岗位上的人、相似岗位上的人以及与组织外部劳动力市场薪酬状况、薪酬水平之间的对比结果。薪酬管理必须关注三个方面的公平：外部公平、内部公平和个人公平。

薪酬管理的有效性，是指薪酬管理一方面要满足成本控制、利润率、销售额等方面的财务指标，另一方面要满足客户服务水平、产品或服务质量等目标。另外，薪酬管理要达到团队建设以及组织和员工的创新与学习能力等方面的指标以及员工离职率、绩效水平、激励水平等指标。

薪酬管理的合法性，是指组织的薪酬管理体系和管理过程要符合国家的相关法律规定。

二、薪酬体系设计

薪酬体系度的设计，是指在薪酬市场调查基础上确定薪酬总额，然后根据薪酬体系度确定本组织的薪酬水平与结构，同时形成组织支付薪酬的一整套的制度体系与规范。薪酬体系度的设计科学与否关系到能否将组织内部各不同工种不同部门的员工协调凝聚起来以提升组织整体的绩效，从而实现组织的战略目标。

薪酬体系主要是针对基本薪酬的薪酬系统，为向员工支付薪酬所构建的政策和程序。科学的薪酬体系直接与组织的战略规划相联系，以使员工通过自己的努力和行为提高组织的竞争优势。目前，国际上通行的薪酬体系主要有三种：岗位薪酬体系、绩效薪酬体系以及技能薪酬体系。

（一）岗位薪酬体系设计

岗位薪酬体系是对每个岗位所要求的知识技能以及职责等因素的价值进行评估，根据评估结果将所有岗位归入不同的薪酬等级，每个薪酬等级包含若干综合价值相近的一组岗位；然后根据市场上同类职位的薪酬水平确定每个薪酬等级的工资率，并在此基础上设定每个薪酬等级的薪酬范围。目前，组织使用最多的是基于岗位的薪酬体系。岗位薪酬体系是传统的确定员工基本薪酬的制度，其最突出特征是员工担任什么样的岗位就获得什么样的薪酬，因此岗位薪酬体系只考虑岗位本身的因素，很少考虑人的因素。岗位薪酬体系的设计步骤主要包括四个方面：收集关于特定工作性质的信息进行工作分析；编写工作说明书；对岗位的价值进行评价；根据工作岗位的内容和相对价值进行排序。

岗位薪酬体系使组织内部实现了真正意义上的同工同酬，体现了按劳分配原则，保证薪酬的内部公平性；因为薪酬与岗位直接联系，能够调动员工努力工作、提高自身能力以争取获得晋升机会的积极性；有利于根据岗位系列进行薪酬管理；操作比较简单，管理成本低。但是，岗位薪酬体系因为重视内部公平性而忽略薪酬的外部竞争性，致使组织对稀缺人才的吸引力降低；员工获得加薪的前提是晋升，而组织内部的晋升机会往往不多，不利于员工的职业发展，其工作积极性会受到伤害；还可能导致员工在岗位晋升过程中的恶性竞争，甚至出现消极怠工或者离职的现象。

（二）绩效薪酬体系设计

绩效薪酬体系是在个人、团队或组织的绩效与薪酬之间建立明确的联系。员工获得的薪酬水平根据个人、团队和组织绩效水平的变化而具有灵活性。对员工个人而言，绩效薪酬体系使员工的薪酬随着员工个人的工作行为表现和工作成果发生相应的变化。由于员工在一定程度上能够控制自己的工作行为和工作绩效，因此，员工可以通过控制自己的工作行为和工作绩效从而达到控制自己的薪酬水平的目的。

绩效薪酬体系设计的基本原则是通过激励员工个人提高绩效促进组织的绩效，确保高绩效水平的员工获得较高的薪酬；保证薪酬因员工绩效水平的不同而不同。

组织在设计绩效薪酬体系之前必须首先做出这样的决策：员工的薪酬在多大程度上是建立在绩效基础上，绩效薪酬在员工的总体薪酬中占多大比例等。因此，绩效薪酬体系设计的基础是有效的绩效管理体系，从而使员工的绩效与薪酬之间建立起直接的联系。

绩效薪酬体系设计的内容包括绩效薪酬的支付形式、关注对象、配置比例、绩效等级等方面。

绩效薪酬的支付形式表现为组织如何向员工支付绩效薪酬，从而使薪酬与绩效之间建立紧密的联系。绩效薪酬包括常见的绩效工资、绩效奖金和绩效福利，也包括股票、收益分享计划、利润分享计划等形式。

绩效薪酬关注对象的确定受到组织价值观和组织不同阶段的发展战略等因素的影响。绩效薪酬配置比例是指绩效薪酬在不同部门或不同层次岗位中的配置标准。

绩效等级是依据绩效评估后对员工绩效评价结果划分的等级层次。组织在设计绩效等级时还要考虑绩效薪酬体系对员工的激励程度。如果绩效等级过多，导致差距过小，这会影响对员工的激励力度；等级过少带来的差距过大，则会影响员工对绩效薪酬体系的预期，可能使员工丧失向上努力奋斗的动力。

总之，绩效薪酬体系设计必须明确需要达到的目标，有效利用薪酬策略和绩效与薪酬的密切关联，从而使组织既能够吸引所需的拥有关键技能的人才和留住高绩效员工以满足战略需要，又能够对组织的成本进行控制。

第三节 国际人力资源管理

一、跨国公司的出现

进入21世纪，人类社会发生了巨大变化，世界经济的融合也日益突出。比如，越来越多的产品和服务纷纷跨出国门，出现在他国市场中，这也正是中国制造的产品能走遍全球的原因。可以毫不夸张地说，在地球的任何一个角落，你都能找到来自中国的纺织品、鞋、五金等产品。而且，越来越多的投资和商业合并与兼并等也表现出了这种趋势。另外，越来越多的人在本国投资的外国企业工作，越来越多的人获得工作签证在他国工作；还有全球生产迅速一体化、跨国交易急剧增加，以及全球贸易量的迅速增长，均使人力、资本、商品、服务、技术和信息实现跨国流动成为必然，也就是经济的国际化和全球化的起源。

而在这一全球化浪潮中，最主要的构成因素就是跨国公司。跨国公司的出现，依赖人类科学技术的进步等因素，其中最主要的因素就是交通和通信技术。工业革命后，随着汽车和飞机等交通技术的发展，产品的运输成本越来越低，运输距离变长、周期变短，货物的全球流通变得可能，而且，随着电话、无线通信、卫星通信和国际互联网等通信技术的日新月异，全球的沟通也变得及时，随时随地的商务沟通成为现实。当然，全球范围内人们教育水平的提高和移民潮的出现更使全球化愈演愈烈。除此之外，跨国公司的出现还有以下因素。

（一）开拓新市场

新市场的开发不仅是企业面临竞争的结果，也是消费者不断寻求新产品和服务的结果。当然，最主要和最积极的参与者当然是企业。

（二）知识和人才

跨国公司不仅寻求低成本和市场，而且也非常重视全球范围内的人才和知识的竞争，特别是当这些潜在的人才背后还有巨大的可开发市场时。

（三）电子商务

国际互联网技术的发展，不仅改变了人们的沟通方式，也加速了全球化进程。如今，连接全球的商务电子信息通道已经形成，电子商务打破了时空局限和贸易形态，而且也使更多的中小企业在较低成本的前提下，参与到了全球化的浪潮中。通过互联网，企业可以在全球范围内寻求商业合作伙伴。而且消费者也有了更多的选择。如今，电子商务所依托的虚拟市场是任何企业都不能忽视的市场。

二、国际人力资源管理的权威定义

关于国际人力资源管理的权威定义，迄今为止还没有一个统一的定论。美国学者约翰·伊凡瑟维奇认为，国际人力资源管理是国际化组织中人员管理的原则和实践。约翰·B·库仑认为，当将人力资源的功能应用于国际环境时，就变成了国际人力资源管理。

P.莫根认为，国际人力资源管理是处在人力资源活动、员工类型和企业经营所在国类型这三个维度之中的互动组合。

舒勒认为，国际人力资源管理就是关于跨国公司的战略活动产生的并影响其国际事务和目标的人力资源管理问题、功能、政策和实践。

赵曙明指出，区分国内人力资源管理和国际人力资源管理的关键变量是后者在若干不同国家经营并招募不同国籍的员工所涉及的复杂性。国际企业人力资源管理，是指在世界经济一体化和区域经济集团化的趋势下，各国人力资源管理的理论与实践在不同文化背景下的（人力资源管理）一种融合。

本书认为，国际人力资源管理是对组织在经营范围拓展为多个国家的过程中人力资源管理本身职能（如招聘、甄选、培训、绩效管理、薪酬管理、职业生涯规划等）以及其职能的演化拓展实行整体、动态管理的过程。

三、国际人力资源管理者的要求

（一）国际人力资源管理者要成为业务合作伙伴

国际人力资源管理者要充分理解组织的规划目标，包括其法规政策、客户体系、商品服务等方面；理解人力资源各项活动和组织使命实现之间的关系，能够有效识别并利用对组织使命具有长远影响的因素；同时还要充分理解客户和企业文化，主动了解不同客户的组织特点及要求，确保提供专业有效的咨询和服务。另外，作为国际人力资源管理者，还要善于运用社会学和组织行为学的专业知识和战略实施来提升组织绩效，要从员工的需求角度，理解组织使命的内容和要求，理解在组织结构和运行中人力资源的角色定位，确保人力资源管理的有效运行。

（二）国际人力资源管理者要成为变革的推动者

国际人力资源管理者要充分了解组织中变革的重要性及潜在的优势，并构建有利于变革的组织结构，坚持对创造性思维的灵活和开放的态度，鼓励支持员工尝试有价值的变革；要能够运用权威的、系统化的专业行为来赢得客户的信任和依赖；同时注意应具有极高的职业道德操守，要及时准确兑现对客户的承诺，还要具有说服内外客户接受某项方案或措施的能力；能全面分析问题的优缺点，说服关联方接受最佳的行动方案，并随时与客户沟通，保证对客户的需求和关心的事务有动态把握。

（三）国际人力资源管理者要成为领导者

除了以上理念外，国际人力资源管理者还要努力成为领导者，要了解工作的文化多元化对组织成功的潜在作用，同时重视人力资源管理体系的潜在影响，提倡以真诚的行为赢得他人的信任和自我价值的满足；礼貌、公正地对待每一位客户，以促进和保持组织行为的高度协调性。

（四）国际人力资源管理者要成为人力资源管理专家

国际人力资源管理者要紧紧围绕人力资源专家身份，强化专业业务素质，不断提高专业管理水平。人力资源管理专家身份是保证成为业务合作伙伴、变革推动者和领导者的基础和根本。只有把人力资源管理的专业业务做扎实，才能更好地实现业务合作伙伴、变革推动者和领导者的职能。

四、国际人力资源管理发展态势

（一）国际人力资源管理发展的总态势

21世纪国际人力资源管理的大环境发生了较大变化，特别是全球金融危机后，全球经济与知识出现了较大的融合，并产生明显的联动效应，即相互的影响性逐渐加大。这就迫使企业在国际化过程中，要更加重视国际的而不仅仅是国内的竞争。

随着管理环境的复杂化，国际人力资源管理的管理理念和管理重点也逐渐发生了比较大的变化，主要表现在以下几方面。

1. 管理理念

由原来的关注人力资源管理职能技术、成为人力资源管理专家，逐步过渡到成为业务合作伙伴、成为变革的推动者和领导者；同时不断强化人力资源专家职能。

2. 管理组织

国际人力资源管理更加关注学习型组织与网络型组织。学习型组织和网络型组织具有学习的便利性和高效性。这两种组织模式起到了构建、强化和保持组织人才核心竞争力的作用。

3. 管理职能

在管理职能上更加强调组织战略导向与激励；同时突出核心业务管理职能以及业务外包。这对全球视野下国际人力资源管理提出了新的挑战。

4. 管理对象

国际人力资源管理的对象重点是知识性核心员工。随着企业国际化的深入，知识型核心员工的作用越来越明显，研究并管理和激励知识型核心员工的作用已经非常重要。

(二) 国际人力资源管理发展的具体趋势

中国人民大学劳动人事学院杨剑锋教授提出了21世纪人力资源管理未来发展的十大趋势。

策略导向型的人力资源规划成为企业战略不可分割的一部分，持续竞争优势依靠的是智力资本的优势。更多的企业开始重视人力资源管理的战略性，人力资源管理在国际企业中已经逐步得到重视，地位逐步得到提升，管理高层已经意识到应当从战略角度思考人力资源管理。

人力资源管理状况成为识别企业竞争优势的重要指标。企业拥有的人力资源，如现有的人力资源的数量、质量、结构，人力资源的流动性及稳定性、员工的满意度等成为识别企业的核心竞争优势的重要标志。人力资源状况和企业的财务状况、市场状况一样开始受到重视，成为评判企业竞争优势的重要指标。

人力资源管理人员要成为具备人力资源管理专业知识和经营管理才能的通才。人力资源管理职位成为通往CEO的途径，人力资源是一种可以经营的资源，对人力资本、组织资本的经营成为可以给企业带来经营业绩的重要活动：人力资源管理者的角色发生了变化，由于全员客户概念的引入，员工成为客户，人力管理者直接面对市场。人力管理部门从一个辅助部门成为直接面对市场，可以为企业创造经济价值的业务部门。

以人为本的业绩辅导流程管理方式成为主流，通过沟通、辅导、培训达到提升员工能力，提升工作业绩的目的。管理人员的角色将由传统的"裁判员"向"教练员"转变，员工能力的提升和业绩的提高成为衡量管理者工作的重要指标。

人力资源管理的某些服务活动开始外包。业务外包是企业将有限资源集中于核心产品和服务的重要途径，通过外包企业不仅可以降低新开业务的成本，同时可以获得专业化的服务，如人事代理、工资调查、特殊人才的猎头、人事档案等人力资源管理工作。

注重企业与员工共同成长的规划和职业生涯设计，企业、员工成为利益共同体，通过有效的职业生涯规划与设计搭建企业与员工之间的共同成长机制。

动态目标管理绩效评价体系的建立成为人力资源管理的核心之一，组织注重目标的实现，更关注目标实现的过程。

第四章　人力资源管理者队伍建设

人力资源管理者是做好组织人力资源管理的重要保证。人力资源管理者必须有先进的人力资源管理理念、过硬的人格品质、合理的知识结构、较强的工作能力、健全的心理素质与一定的人力资源管理工作经验。加强人力资源管理者队伍建设对于企业来说十分重要。

第一节　人力资源管理者的职业化

一、人力资源管理者的概念

人力资源管理者也即人力资源管理人员，是从事人力资源规划、员工招聘选拔、绩效考核、薪酬福利管理、培训与开发、劳动关系协调等人力资源管理工作的专业管理人员。人力资源管理者的任务是选人、育人、用人、留人，调动各类员工的积极性和创造性，同时也必须运用劳动法规和劳动合同来规范人力资源管理活动，协调处理企业的劳资纠纷，从而求得人与事相适应，达到事得其人、人适其事、人尽其才、事竟其功的目的。人力资源管理者的作用越来越受到企业决策层的重视，许多企业逐渐走出了人事管理的误区，将人力资源管理作为一种战略性的管埋。

二、人力资源管理者的职业化

在人力资源管理的理念和实践萌芽与发展初期，人力资源管理者很多是从一线员工中调任的，通常是在经营业务上并不出色却善于与人相处的管理人员，甚至有部分是因为在工作中不能胜任或即将退休而被调配到该部门的人员。人力资源管理部门多定位于从事行政性、事务性的工作，这与当时的工业时代背景和管理意识相一致。在知识化、网络化和竞争化的时代进程中，人力资源管理人员的职业化、专业化趋势日渐成熟，人力资源管理逐渐开始由一个专业成为一个职业。

"职业"和"工作"并非对应的概念。工作是职业的初级阶段，随着社会分工的细致和知识体系的强化与扩张，工作发展到一定阶段时，才成为职业。职业是具有较高社会地位的知识性工作，包含四个基本特征：专业化知识、自治、对其他次要工作群体的权威以及一定程度上的利他主义。因此，从工作向职业转变的过程即职业化的过程。

基于这种认识，关于职业的特征成为社会学家研究的重点。1915年，来克斯纳最早描述职业的六点特征：个人责任感、科学和学问的基础、实用的专门化知识、通过组织分享普遍的技术、自组织形式、利他主义意识。1957年，格林沃德又为"职业"给出了更为清晰的界定：系统化的理论、权威、社区约束力、伦理规范、一种文化。在此基础上，社会学家豪斯将诸多特征融合为两个，即专门化的知识训练以及坚守行为标准。1968年，社会学家帕森在其一篇论文中将其描述为：正规的训练、高标准的技术、能够确保社会责任。1970年，社会学家墨尔的研究特别令人瞩目，他将职业化看成一个发展过程，包括的几个阶段：工作、职业、正规化的组织、要求教育的组织、倾向服务的组织以及享有独立自治权的组织。从中可以看出，职业化的最高阶段即组织享有健全的职业自治权。

职业化是劳动社会化分工条件下的组织原则,也是劳动力市场构建的一种方式。职业化使工作跳出了自由竞争的劳动力市场,市场的准入资格、竞争程度、薪资水平等都发生了变化,各种形式的职业同盟逐渐形成。

随着人力资源管理在组织中的地位日益重要,人力资源管理者的角色定位被提升到前所未有的高度:组织的战略合作伙伴。在传统的人力资源管理中,更为强调个体人力资源的产出(营业额、满意度以及绩效);各个人力资源职能相互之间是分离而独立的。但在战略人力资源管理中,战略是商业导向,关注于组织的整体效能;人力资源则被作为资产、资源,采用广泛的、权变和一体化的方法进行管理。战略化意味着人力资源对其他工作、职业的影响力以及在组织绩效的影响中权重更大。立足于职业化的角度,人力资源战略化的基础和核心是人力资源职业自治。

然而,要想使人力资源管理在组织内真正成为战略性职能,必须将其当成独立的职能部门来看待,即为了有效地向企业内部客户提供服务,人力资源管理者对于工作的控制权和自主权理应得到加强。人力资源管理的战略化进程正是人力资源管理职业化发展的体现,职业化的成熟将会为人力资源管理在组织内的定位和运作提供良好的基础和平台。

第二节 人力资源管理者的任务

现代人力资源管理指人力资源的获取、整合、保持、激励、控制、调整及开发的过程,包括求才、用才、育才、激才、留才等内容和工作任务。一般说来,现代人力资源管理主要包括以下几大系统:人力资源战略规划、决策系统;人力成本核算与管理系统;招聘、选拔与录用系统;教育培训系统;绩效考评系统;薪酬福利管理与激励系统;人力资源保障系统;职业发展设计系统;人力资源政策、法规系统等。现代人力资源管理主要包括以下一些具体内容和工作任务。

一、制定人力资源规划

人力资源管理者的首要任务就是制定人力资源规划。人力资源规划是预测未来的组织任务和环境对组织的要求，以及为了完成这些任务和满足这些要求而设计的提供人力资源的过程。对于一个企业来说，人力资源规划的实质是根据企业经营方针，通过确定企业人力资源来实现企业的目标。人力资源规划分战略计划和战术计划两个方面。

（一）人力资源的战略计划

战略计划主要是根据企业内部的经营方向和经营目标，以及企业外部的社会和法律环境对人力资源的影响，制订的较长期计划，一般为两年以上；但同时要注意其战略规划的稳定性和灵活性的统一。企业在制订战略计划的过程中，必须注意以下几个方面因素。

1. 国家及地方人力资源政策环境的变化。包括国家对于资源的法律法规的制定，对于人才的各种措施，如国家各种经济法规的实施、国内外经济环境的变化、国家以及地方对于人力资源和人才的各种政策规定等。这些外部环境的变化必定影响企业内部的整体经管环境，使企业内部的人力资源政策也应该随着有所变动。

2. 企业内部的经营环境的变化。企业的人力资源政策的制定必须遵从企业的管理状况、组织状况、经营状况和经营目标的变化，由此，企业的人力资源管理必须依据以下原则，根据企业内部的经营环境的变化而变化。一是变定原则。变定原则要求企业不断提高工作效率，积累经营成本，企业的人力资源应以企业的稳定发展为管理的前提和基础。二是成长原则。成长原则是指企业在资本积累、销售额增加，企业规模和市场扩大的情况下，人员必定增加。企业人力资源的基本内容和目标是为了企业的壮大和发展。三是持续原则。人力资源应该以企业的生命力和可持续增长,并保持企业的永远发展潜力为目的。必须致力于劳资协调,人才培养与后继者增加工作。

3. 人力资源的预测。企业根据公司的战略规划以及企业内外环境的分析,制订人力资源战略计划时要避免盲目性,应对企业的所需人才做适当预测。管理者在估算人才时应该考虑以下因素:企业的业务发展和紧缩;现有人才的离职和退休;管理体系的变更、技术的革新及企业经营规模调整等。

4. 企业文化的整合。企业文化的核心就是培育企业的价值观。在企业的人力资源规划中必须充分注意企业文化的融合与渗透,保证企业经营的特色企业经营战略的实现和组织行为的约束力。国外一些大公司都非常注重人力资源战略的规划与企业文化的结合,松下公司"不仅生产产品,而且生产人"的企业文化观念,就是企业文化在人力资源战略中的体现。总之,一个企业的人力资源规划,应充分与企业外部环境和内部环境协调,并融合企业文化特色。

(二) 企业人力资源的战术计划

战术计划是根据企业未来面临的外部人力资源供求的预测,以及企业的发展对人力资源需求量的预测而制订的具体方案,包括招聘、辞退、晋升、培训、工资政策和组织变革等。人力资源的战术计划一般包括四部分:

1. 招聘计划。针对企业所需要增加的人才,人力资源管理者应制订该项人才的招聘计划,一般一个年度为一个时期。其内容包括:计算各年度所需人才,并计算考察出可内部晋升调配的人数;确定各年度必须向外招聘的人才数量;确定招聘方式;确定招聘来源;对所聘人才如何安排工作职位,并防止人才流失。

2. 人才培训计划。人才培训计划是人力资源计划的重要内容,人才培训计划应按照公司的业务需要和公司的战略目标,以及公司的培训能力,分别确定下列培训计划：新进人才培训计划；专业人才培训计划；部门主管培训计划；一般人员培训计划；人才选送进修计划；考核计划等。

二、激发员工积极性

现代企业人力资源管理的主要目的是通过卓有成效的管理和开发措施，充分调动职工的工作积极性，保证生产经营目标的实现。建立激励机制是调动职工积极性的重要措施，具有十分重要的意义。人力资源管理者要通过物质激励、精神激励等多种途径充分调动员工的工作积极性。

（一）物质激励

物质激励是指通过发放工资、奖金、实物等物质性手段对员工产生的激励作用。设置科学合理的物质激励方案是现代企业管理的一项重要内容。过去，我国企业过分强调精神激励的作用，忽视了物质激励的重要性，导致职工积极性不高、生产效率低下等很多问题。改革开放以后，我国企业开始重视物质激励的重要作用，其在企业管理中的作用日益重要。相对而言，西方国家对物质激励的研究起步较早、方法科学，有很多我们可以借鉴的地方。

现代企业人力资源管理非常重视工资的激励作用。工资不仅仅是员工劳动的报酬，也是激励员工努力工作的重要手段。如何使工资成为激发员工努力工作的动力，是企业人力资源管理研究的一项重要内容。

1. 拉开工资差距

拉开工资差距是充分发挥工资激励作用的有效办法。拉开工资差距要考虑三个因素。

（1）工资差距要根据企业不同岗位承担的不同工作确定，真正使贡献大的员工得到高收入，体现按劳分配的原则。

（2）实行高工资的员工数量应少。如果多数员工普遍提高工资，就不能称为拉开工资差距，也起不到激励作用。这就需要企业在确定哪些岗位和人员实行高工资时，权衡企业的实际需求，进行综合对比。

（3）工资差距要合理。工资差距过小，起不到激励的作用；工资差距过大，员工难以接受。因此，人力资源管理者确定工资差距一定要合理。在具体标准上，最高工资应是最低工资的10倍以上，20倍以下。

2. 保证最低需要

保证最低需要是指企业在确定工资标准时，必须参照当地的生活水平和国家有关规定，使员工工资能够满足其基本的生活需要。如果企业做不到这一点，员工就会由于基本生活没有保障而无法安心工作，企业人力资源的各项措施都难以发挥成效。

3. 保持工资涨幅

企业在设计工资制度时，要使员工工资在一定基数的基础上，随企业效益的变化适当上涨。员工工资上涨必须保持一定的合理幅度，不能太大，也不能太小。如果幅度过大，可能导致员工保持较高的期望值，一旦企业经济效益下降，员工期望值得不到满足，就会影响员工工作积极性。过高的工资涨幅也使企业的自我积累减少，容易削弱企业发展后劲。但是，涨幅过小又不能起到激励员工的作用。因此，设计符合企业实际情况的工资涨幅十分必要。

4. 照顾多数员工

企业设计工资制度时，既要体现按劳分配的原则，充分调动员工的工作积极性，形成竞争激励机制，又要注意照顾多数员工的利益。企业的发展要依靠广大员工的共同努力，因此企业要保证有足够的财力照顾多数员工的利益，以保证多数员工的基本生活需要。

在发挥好工资作用的同时，企业也要运用好奖金、实物等方法的激励作用。同时，在物质激励手段的运用中人力资源管理者应坚持一定的原则。一是坚持按劳分配原则。按劳分配使一切有劳动能力的人都能够努力为企业工作，坚持按劳分配原则能够体现出激励的作用，促使员工努力工作。二是保证企业发展后劲的原则。搞好物质激励必须建立企业内部的自我约束机制，服从和服务于企业生产经营的需要。这就要求企业坚持分配总额与经济效益紧密挂钩，既能使企业员工收入不断提高，又不影响企业的发展后劲。三是物质激励和精神激励相结合的原则。物质激励不是万能的，这一点已经被中外企业实践和理论界所证明。因此，企业在对员工进行物质激励时一定要与思想教育相结合，引导员工正确看待物质利益，切实关心员工、爱护员工，从而激发员工的工作积极性。

（二）精神激励

精神激励是相对于物质激励而言的。它是通过表扬、鼓励等思想工作的手段，使员工受到肯定和尊重，激发他们的工作热情，从而努力完成承担的工作任务。

三、岗位分析

岗位分析是人力资源管理者的一项重要工作任务。它是一个全面的评价过程，这个过程可以分为准备阶段、调查阶段、分析阶段和完成阶段，这四个阶段相互联系、相互影响。

1. 准备阶段：是岗位分析的第一阶段，其主要任务是了解情况、确定样本、建立关系、组成工作小组。人力资源管理者的具体工作如下：明确工作分析的意义、目的、方法、步骤；向有关人员宣传、解释；与员工建立良好的人际关系，并使他们做好心理准备；组成工作小组，以精简、高效为原则；确定调查和分析对象的样本，同时考虑样本的代表性；把各项工作分解成若干工作元素和环节，确定工作的基本难度。

2. 调查阶段：是岗位分析的第二阶段，其主要任务是对整个工作过程、工作环境、工作内容和工作人员等主要方面进行全面的调查。人力资源管理者的具体工作如下：编制各种调查问卷和提纲；灵活运用各种调查方法，如面谈法、问卷法、观察法、参与法、实验法、关键事件法等；广泛收集有关工作的特征以及需要的各种鼓励；重点收集工作人员必需的特征信息；要求被调查的员工对各种工作和人员特征的重要性和发生频率等做出等级评定。

3. 分析阶段：是岗位分析的第三阶段，其主要任务是对有关工作特征和工作人员特征的调查结果进行深入全面的分析。人力资源管理者的具体工作如下：仔细审核收集到的各种信息；创造性地分析、发现有关工作和工作人员的关键成分；归纳、总结出工作分析的必需材料和要素。

4. 完成阶段：是岗位分析的最后阶段，前三个阶段的工作都是以达到此阶段作为目标的，此阶段的任务就是根据规范和信息编制"工作描述"和"工作说明书"

四、人力资源的招聘与选拔

选拔与招聘人才是人力资源管理者的根本任务之一。在人才的招聘问题上，人力资源管理者首先要明确一个前提：是选择最优秀的还是选择最适合企业的人才。研究表明，只有最适合企业的人才，才能更好地认同企业的文化，发挥积极性和创造性。那么，如何招聘最适合企业的人才？

（一）要对企业发展阶段和外部环境有清醒的认识

企业处于不同的发展阶段，人员需求也不同。在初创阶段，企业需要大量有经验的人员来完善企业的业务和制度，他们的经验对于企业来说是一笔财富；当企业处于快速成长期，对人员的要求主要偏重创新和变革的能力。对于企业外部环境的评估也是招聘时应考虑的一个方面。当企业的外部环境复杂、变化很快时，其员工必须有敏锐的洞察力，同时具有快速学习、分析问题和解决问题的能力。这样的员工才能更好适应外部环境的变化，能对面临的问题做出正确的判断。

(二) 全面评估应聘者

在招聘过程中，企业的人力资源管理者一般都是以职位分析和描述来设计面试问题，但是这些问题只能提供关于工作内容的信息。因此，在面试问题的设计上就要权衡各方面的因素。好的问题能够探查应聘者的行为方式，以帮助招聘人员判断应聘者是否有能力做好工作。另外，不能将评估的标准全部设置在是否符合岗位的任职技能方面，还应包括对应聘者综合能力以及与企业匹配程度的评估。

(三) 开诚布公的沟通

招聘是个双向选择的过程，在企业评估、选择应聘者的同时，也是应聘者对企业评估、选择的过程。招聘是为了让合适的人来企业工作。在与应聘者沟通的过程中，招聘人员应客观、真实地介绍企业的情况，使应聘者真实地了解个人在企业中可能的职业发展道路。当应聘者对企业有一个客观真实的认识的时候，应聘者会做出对个人和企业都适合的选择。虽然这可能会使企业失去一小部分出众的应聘者，但有助于企业招到真正适合企业的人。

(四) 正确处理劳资关系

员工一旦接受组织聘用，就与组织形成了一种雇佣与被雇佣的、相互依存的劳资关系。为了保护双方的合法权益，人力资源管理者必须正确处理双方的关系，构建和谐的劳动关系。

在构建和谐劳动关系中，要做到以下几点。

1. 坚持以人为本，实现促进企业发展与构建和谐劳动关系的有机统一。发展是企业永恒的主题，但企业发展是一项系统工程，既需要好的战略和制度，更需要一支优秀的奋发进取的员工队伍。因此，企业要千方百计调动员工积极性，充分发挥员工在企业发展中的重要作用。必须把员工利益放在重要位置，不能以牺牲员工利益为代价换取发展。

2.建立注重激励的薪酬分配制度,努力实现分配公平。不公平则心不平,心不平则气不顺,气不顺则难和谐。企业要发展,必须切实重视一线员工的收入分配公平问题,在注重提高企业中高层管理人员收入的同时,应适当提高一线员工(包括劳务工)的收入水平,实现各层级员工和企业的和谐发展。

3.注重亲情管理,实现管理者和员工、员工和企业的和谐相处。员工是企业的主体,只有员工满意,才能创造满意的客户。企业管理者在任何时候都要把关心员工、善待员工放在心上。首先,要创造条件为员工提供安全舒适的生产条件和工作环境,增强员工为企业工作的荣耀感。其次,要尊重员工、走近员工、与员工和谐相处。

4.注重教育培训,提高员工素质。当今企业的竞争主要表现为知识的竞争、人才的竞争,因此,加强员工的教育培训、提高员工素质成为企业构建和谐劳动关系的一项重要内容。只有高素质的员工,才能适应企业未来发展的要求,才能在激烈的市场竞争中实现稳定就业。企业要加大对员工教育培训的力度,使员工提高知识素养,掌握各种业务技能,成为知识型、技能型员工。

(五)员工教育、培训和发展

任何应聘进入一个组织(主要指企业)的新员工,都必须接受相应的入职培训和教育,这是帮助新员工了解和适应组织、接受组织文化的有效手段。新员工入职教育的主要内容包括企业的历史发展状况和未来发展规划、职业道德和组织纪律、劳动安全卫生、社会保障和质量管理知识与要求、岗位职责、员工权益及工资福利状况等。为了提高广大员工的工作能力和技能,企业有必要开展富有针对性的岗位技能培训。而对于管理人员,尤其是对即将晋升者企业有必要开展提高性的培训和教育,目的是促使他们尽快具备在更高一级职位上工作的知识、熟练技能、管理技巧和应变能力。

第三节 当前我国企业人力资源管理者现状

目前，我国企业人力资源管理尚存在人力资源管理者队伍素质与企业经营规模不适应的问题，这在一定程度上制约了企业的发展。

一、企业自身对人力资源管理者不重视

企业没有把人力资源管理者放在重要位置，而是作为一般管理人员对待。大部分企业缺乏针对人力资源管理者的有效管理和激励机制，人力资源管理者流失已成为各类企业中存在的普遍性问题。而人力资源管理者的流失会对企业战略执行的一贯性造成影响。

二、人力资源管理者素质不能满足企业需要

目前，国内部分企业人力资源管理者存在以下问题。

1. 缺乏劳动政策和人力资源管理的专业知识。这类人力资源管理人员大多分布在新成立的小型企业中。由于部分企业管理者单纯重视技术、产品与市场的重要性，而对人力资源管理工作的重要性认识不够，选用人力资源管理者随意性很强，这些企业的人力资源管理者基本上是身兼多职，没有任何人力资源管理专业知识与经验，不能满足工作要求。

2. 有一定基础知识，但缺乏实际经验。这类人力资源管理者基本上是人力资源管理或相关专业毕业的学生。他们有系统的专业知识，有十分活跃的头脑，敢想敢干，可塑性十分强。这些人员分布在各种类型的企业中，特别是外资企业和高新技术企业中聘用较多。但是，人力资源管理是一个

知识与经验并重的工作。一个优秀的人力资源管理者不仅要懂得专业知识，熟悉劳动法律、法规与相关的政策，更要有大量的实践经验，这些都需要长时间的刻苦钻研和积累。而这种类型的人力资源管理者往往没有实践工作经验，对于工作中遇到的很多具体问题不具备处理的能力。

3. 经验管理方式老化、观念陈旧。这类人力资源管理者曾长期在企业人力资源部门工作，年龄多在40至55岁之间。计划经济时期形成的管理经验与模式，在他们的头脑中留有深深的时代印记。他们有一定实际经验，但缺乏市场意识与现代企业管理知识，面对当前人力资源市场如此之大的流动性和劳动关系的复杂性，知识储备不足，处理新问题的相关经验不足，适应性差，处事被动。另外，对外语、计算机、网络等方面的知识掌握也是他们的弱项，不能满足工作需要。

第四节 人力资源管理者的素质要求

现代企业中，需要人力资源管理者具有多方面的知识，在理论和实践经验方面都拥有过硬的专业素质，具体包括以下几个方面。

一、过硬的人格品质

人格，是一种内在修养，是一个人能力、气质、品格的综合反映。人格是人的一切品质的总和。人的素质是决定工作质量的根本因素。人格在一定程度上决定着一个人事业和社会活动的效果和成败。从内涵的角度看，人格主要是指人的心理素质、思维方式、个性特点和进取精神。由此进一步产生了人格的重要特征：使命感和责任心、敏感性和创新意识、合作精神、有目标的行为强度。人格的外延则是指，因重要的人格特征结构而产生的个人形象，以及对周围人的影响力。

人格本身便是一种有价值的力量。作为人力资源管理者，只有依靠其人格所产生的威望（地位和权力难以产生人格魅力）潜移默化地影响企业的员工。因此，人力资源管理者既是组织人格化的体现，也代表了组织人力资源管理的总体水平。

有的管理专家认为，企业人力资源管理的首要任务是物色和引进具有良好人格的专业人才。人力资源管理与开发如若忽视员工管理，企业其他的管理措施将收效甚微，甚至出现负面效应。旧的经济体制还"塑造"了不少企业人力资源管理者乃至员工的"败坏人格"。这样的人格与市场经济机制所要求的"经济人格"格格不入。因此，国内企业的人力资源管理者应尽快完成由"政治人格"向"经济人格"的转变，以适应企业持续发展的要求。

企业如若忽视人力资源管理者的人格培养，即使建立了最现代的薪酬管理、员工培训、业绩评价体系，也难以真正实现人力资源管理的理想目标。我国在20世纪50年代曾提出"又红又专"的人才培养理念。如今的企业依旧可以借鉴这个理念，再赋予其市场经济的丰富内涵——"红"就是要塑造员工优秀的人格；"专"即提升他们的知识与技能。只有遵循这样的思路，正确处理好人格与才能之间的关系，企业方能拥有"德才兼备"的管理者与员工。

人力资源管理者的人格品质不应成为一个空洞的口号，它应包括两方面的内容：即思想修养与职业道德。

人力资源管理者的思想修养一般包括以下内容：①具有坚定的人生观和全心全意为员工服务的精神，时刻以企业的利益为重，不为个人或小团队谋私利；②有先进的理论水平和正确的世界观和方法论，坚持理论联系实际的作风；③坚定不移地贯彻执行国家的法律法规，敢于同危害国家及企业利益的行为做斗争；④事业心强，有朝气、有干劲、有胆识，为企业建设勇于探索、锐意改革，做出积极贡献；⑤解放思想，实事求是，尊重知识，尊重人才；⑥有优良的思想作风和严格的组织纪律，谦虚谨慎，公平正派，作风民主，平易近人。

人力资源管理者的职业道德的基本要求是：①爱心：爱职业，爱员工，敬重领导；②责任心：认真做好工作中的每一件"小事，人力资源管理工作事无巨细，事事重要，事事都是责任；③业务精益求精：时时、事事寻求合理化，精通人力资源管理业务，知人善任，用人有方，追求人与事结合的最佳点；④具有探索、创新、团结、协调、服从、自律、健康等现代意识；⑤树立诚信观念。诚信乃做人做事之本。

二、合理的知识结构

合理的知识结构，是指人力资源管理者既有精深的专门知识，又有广博的知识面，具有事业发展实际需要的最合适、最优化的知识体系。建立合理的知识结构是一个复杂长期的过程，必须注意如下原则：①整体性原则，即专博相济，一专多通；②层次性原则，即合理知识结构的建立，必须从低到高，在纵向联系中，划分基础层次、中间层次和最高层次，没有基础层次较高层次就会成为空中楼阁，没有高层次，则显示不出水平。任何层次都不能忽视；③比例性原则，即各种知识在顾全大局时，数量和质量之间合理配比。比例性原则应根据培养目标来定，成才方向不同知识结构的组成就不一样；④动态性原则，即所追求的知识结构决不应当处于僵化状态，而须是能够不断进行自我调节的动态结构。

人力资源管理者的知识结构应是"金字塔"式的，基础知识是塔基，相关知识是塔身，而塔尖则是专业知识。有关专家们认为，对人力资源管理工作有益的主要的知识领域应包括如下内容。

（一）专业知识

1. 人力资源管理者战略与企业文化。人力资源管理者应根据企业的发展规划，诊断企业现有人力资源状况，结合企业经营发展战略，考虑未来的人力资源的需要和供给状况，思考如何把人力资源管理者战略与企业文化紧密地结合起来。

2. 组织结构设计。人力资源管理者应根据企业战略目标、资源状况、现有的核心流程以及同行企业的最佳实践模式，分析公司的组织结构，设计企业组织机构。

3. 流程分析与流程再造。流程是组织内部从供应商到客户的价值增长过程。流程的有效性与效率将直接影响到组织的有效性、效率与客户满意度。

4. 工作分析。工作分析是人力资源管理的一项传统的根本职能与基础性工作。一份好的职位说明书无疑是一幅精确的"企业地图"，指引着人力资源的方方面面。

5. 基于战略的绩效管理。绩效问题是任何公司都面临的长期挑战，人力资源管理者必须掌握绩效管理与绩效目标分解的工具、方法，绩效制度设计与基本操作、绩效目标设定与分解等相关知识。

6. 全面薪酬战略体系。薪酬的不同要素该如何正确地组合才能有效地发挥薪酬的作用；薪酬管理有效支持公司的战略和公司价值的提升的方法和工具。

7. 能力管理。建立素质模型，将素质模型应用到人力资源管理的不同领域，从而真正将人力资源管理回归到建构组织能力和人力资源开发利用上。

8. 招聘。制订人才选择战略，进行准确的工作分析和胜任特征分析，有效的人力资源分析与规划，应聘者的专业技能及综合能力的评估；对招聘成本的评估。

9.培训体系的建立与管理。培训是促成"以人为本"的企业文化的重要手段。如何制订有效的年度培训计划是人力资源管理者面临的严峻挑战。

(二)其他领域的知识

企业在选拔人力资源管理者时,要注重对候选人所掌握的专业知识的考察,但是,人力资源管理者要参与企业的战略决策,要与其他业务部门沟通,仅仅具备人力资源方面的专业知识显然是远远不够的,还必须掌握其他领域的知识。相关知识包括:组织行为学、心理学、项目管理、经济学、统计学、市场营销学、财务管理学、生产管理学、战略学、法律等。这些学科能够有效提高人力资源管理者的专业水平。

三、先进的人力资源管理观念

先进的人力资源管理观念主要是管理观念和价值观念的转变,强调提高员工的素质与能力,具体如下。

1.指导思想的转变:由"对工作负责""对上级负责"到"对工作的人负责"。

2.管理方法的转变:由"教你如何",到"叫你如何",再到"引导你如何"。

3.管理手段的转变:由管理者的"中心指挥"转为"中心导向"。

4.管理组织的转变:由下属的"参与管理"到"共同肩负责任"。

5.管理职能的转变:由"组织、控制、指挥、协调"到"育才为中心,提高人的素质为目的"。

6.管理环境的转变:由"简单缓慢"到"复杂多变"。

7.管理者自我意识的转变:由"上级比下级高明"到"下级的具体专长和具体能力应高于上级"。

8.管理内容的转变:由"简单的任务完成"到"完美的任务完成"。

9. 管理目标的转变：由追求"一般"到追求"卓越"。

10. 管理效果的转变：由"差强人意"到"主动精神"。

四、基本的工作能力

人力资源管理者的基本工作能力包括写作能力、组织能力、表达能力、观察能力、应变能力、交际能力。

（一）写作能力

写作是人力资源管理者的基本任务之一，人力资源部门的规章制度、文书通告等大多出自人力资源管理者之手。所以写作能力是人力资源管理者的基本功。人力资源管理者写作任务的范围是比较广泛的，如制度、通告、新闻稿件、公共关系简报、信函、致辞、演讲稿、有关公告、祝贺卡上的祝贺语等。人力资源管理工作的文书写作不仅要符合一般的写作要求，而且要符合人力资源工作的要求。

1. 内容要真实准确。人力资源管理者在进行文字写作时，一定要反映真实的情况，让事实说话。

2. 立场要公正。既不能偏袒组织的利益，也不能迎合公众不正当的要求和情趣，人力资源管理者要客观公正地反映情况。

3. 形式要多样。人力资源管理工作的文书，大多是干巴巴公文，但也有洋溢着善意，向员工传递友好的情感慰问信等。涉外单位如宾馆等单位的人力资源管理者，还应有较强的外语表达能力。

（二）组织能力

人力资源管理者的组织能力是指人力资源管理者在从事人力资源管理活动过程中计划、组织、安排、协调等方面的活动能力。人力资源管理者的组织能力应达到以下要求。

1. 计划性。人力资源管理活动不仅要明确为什么进行、进行什么和怎样进行，而且要知晓先做什么，后做什么。只有明确了这些，人力资源管理活动才能有条不紊地顺利进行，否则将陷入杂乱无章的境地。

2. 周密性。作为人力资源管理者不仅要重视大的方面如活动的内容、形式，而且对一些细小的方面如员工的接待、环境的布置、仪表、仪容、穿着服装等需保持足够注意，不能因为细节方面的失误而破坏总体效应。

3. 协调性。人力资源管理活动需要各方面的配合和支持，所以人力资源管理者也应是一个能够协调关系的专家、调动积极性的高手，以争取各方面的帮助。

（三）表达能力

作为经常要和各方联系的人力资源管理者，具有较强的交际能力是很必要的。善于与人交流是人力资源管理者必备的素质。

（四）观察能力

观察能力是人力资源管理者在人力资源管理理论的指导下，对周围的人和事从人力资源管理者角度予以审视、分析、判断的能力。观察能力的强弱对于人力资源管理工作的效果和组织的人力资源管理状态来说至关重要。人力资源管理者的观察能力可以从以下三方面表现出来。

1. 对周围的事能从人力资源管理的角度予以审视。

2. 对周围的事能从人力资源管理的角度予以分析。人力资源管理者应能准确地分析周围所发生的事件的前因后果，能够从此预测出人力资源管理发展的趋势。

3. 对周围的事能从人力资源管理的角度予以判断。人力资源管理者应能对周围的事物现象给组织的人力资源管理状态所带来的影响做出正确的判断。

人力资源管理者若能做到上述几方面，那么他的观察能力便是强的，便会有利于人力资源管理工作的开展。

(五) 应变能力

应变能力是指人力资源管理者在遇到一些突发性的事件或问题时的协调和处理能力。在人力资源管理工作上，应变能力强不是指一般意义上的化险为夷，保证员工不受伤害，而是指人力资源管理者在遇到突发性的问题并亲自解决时，使自己的工作对象——员工也不受到伤害，始终与员工处在良好的关系状态上。人力资源管理者的应变能力包括以下内容。

1. 遇事不慌张，从容镇定。应变能力首先要求人力资源管理者遇到突如其来的事或问题，不可惊慌失措，而要保持镇静，迅速地寻找对策。

2. 忍耐性强，不可急躁发火。要尽可能地克制和忍耐，耐心地说服和解释。

3. 思维灵活，迅速想出解决的办法。应变能力不是被动的能力，而是主动的，也就是说人力资源管理者要根据突如其来的事件，找出解决问题的办法，或变通的办法，使工作不受突发性事件的影响。

4. 提高预见性，打有准备之仗。应变能力严格来说不是一时间的奇想，而是经验的总结和积累。人力资源管理者如果对各种可能出现的情况都有所考虑，那么当问题形或出现时，也比较容易解决。

(六) 交际能力

人力资源管理工作要求人力资源管理者具有一定的交际能力，人力资源管理者的交际能力不是日常生活中的应酬，而是与交往对象——员工迅速沟通，赢得好感的特殊才能。人力资源管理者的交际能力可以包括以下方面。

1. 交际礼仪的掌握。交际有一定的规范和要求，交际活动还要有序地遵守这些规范和要求。如服装、体态、语言、人际距离、宴会的座位安排等在交际活动中运用得当，可以极大增强人际沟通的效果，人力资源管理者应通晓这些交际中的礼仪。

2. 交际艺术的掌握。交际艺术是指交际中的技巧，人力资源管理者掌握了这种技巧可以更好地、更有效地与员工沟通。交际艺术涉及对时间地点的巧妙运用，对交际形式的创造性发挥，有助于消除对方心理障碍等。

3.交际手段的运用。交际能力也可在对交际手段的运用上表现出来，如怎样恰到好处地赠送礼品、纪念品；怎样准确地使用语言和非语言；怎样驾驭自己的情感等。

（七）其他能力

其他能力包括综合分析能力、直觉能力和认识自己的能力等。

1.综合分析能力。面对更加激烈的竞争环境，仅仅依靠自信是不够的。人力资源管理者必须具有求知的欲望、分析问题的技巧、系统的方法、开放的思想以及立体的思维，即应具备融会贯通的综合分析能力。

2.直觉能力。人力资源管理者能凭借个人的直觉与员工建立起良好的关系，它将有助于单位同事之间的相互沟通与信任。

3.认识自己的能力。成功的管理者往往注重对自身实力、弱点、机会和威胁进行定期分析，这有助于不断提高个人的素质，增强责任感。

第五节　人力资源管理者的培养

对于人力资源管理者的培养是一项系统的工程，总体上，要按照人力资源管理者的素质要求，采取切实措施，改进其素质，增强其能力，提高其工作积极性。

一、建立人力资源管理者的激励机制

建立有效的激励机制是人力资源管理的关键与难点。随着市场竞争的日益激烈，人力资源管理者已成为各类企业"争夺"的重点。但在一些企业里，对于人力资源管理缺乏准确定位。权责失衡，升迁无望，严重挫伤了人力资源管理者的积极性。企业和人力资源管理者之间仅靠行政权力维系，缺乏共同的价值取向，人才流失在所难免。

在企业里，人力资源管理者起到承上启下的作用。企业的管理理念靠他们来传递，人力资源管理工作靠他们来组织实施。人力资源管理者的业务素质和工作态度直接影响企业的管理效率和经济效益。因此，企业应将人力资源管理者作为一项重要的长期投资来看待，像经营有形资产一样，不断开发他们的潜力，使其为企业带来成倍的收益。

企业应从需求角度出发，激发人力资源管理者的活力。研究人力资源管理者的激励问题，要分析他们的需求状况，要有权变管理的思想，综合利用各种理论工具，为制订有效激励方法提供科学依据。对人力资源管理者的激励，企业应采用"动静"结合、"长短"结合的办法。"动静"是指动态与静态激励因素相结合，其中"静态"因素包括职务工资、职务消费等与职务相联系的待遇；"动态"因素包括绩效工资、项目工资等与工作效果与效率有关的收入。"长短"是长期与短期因素相结合。其中"短期"因素包括年度目标奖励、年度绩效评价与评比等以一个年度为周期的激励措施；"长期"因素包括期股期权、长期培训、签订长期雇用合同等与企业长期目标与可持续发展相关的激励因素。

二、适时进行工作岗位轮换

很多企业领导人认为，使潜在的领导者轮换不同的职责是最有价值的领导才能发展技巧。企业要培养出能够独当一面的复合型人力资源管理人才，内部的岗位轮换可以说是一种经济又有效的方法。

通过定期改变人力资源管理者的工作部门或岗位，让他们到各个部门或岗位去丰富工作经验，扩大对企业各个工作环节的了解，以使他们对企的经营管理或其他岗位的职责有更全面的了解，对人力资源管理者提高工作的分析能力和内部的沟通协调能力十分有利。具体形式可以是只在每个部门做观察员，但更有效的方式是让人力资源管理者实际介入所轮岗的部门的工作，通过实际了解所在部门的业务，包括销售、生产、财务和其他业务，使人力资源管理者"通才化"。

据了解，目前某些大型的高科技企业和外企已实行轮岗制，国内的某些公司也都在公司内部或跨国分公司之间进行了成功的岗位轮换。在具体的实行中，各企业的方法又有所不同。

三、使人力资源管理者参与企业决策

让人力资源管理者参与企业的重大决策，是培养人力资源管理者能力，提高管理能力的重要手段。很多企业要求人力资源管理者参与高层次会议，让他们就高层次管理问题，如组织结构、经营管理人员的奖酬机制、部门之间冲突的协调等提出自己的建议，供企业董事会参考。通过这样可以为人力资源管理者提供分析和处理整个企业范围内的高层决策问题的机会和经验，它同时挖掘了管理者的创造力，给管理层带来了新思路；这一过程本身又促使人力资源管理者仔细研究政策问题，为自己的决策承担责任。特别是在企业酝酿变革的时候，企业采取这种方式有助于人力资源管理者了解企业的发展状况，参与决策过程，支持企业的变革。

四、塑造人力资源管理者健康的人格

塑造人力资源管理者的人格品质可从以下几个方面入手。

（一）充实考评内容

一直以来，企业对人力资源管理者的考核与评估过多着眼于其工作表现和业绩,而几乎不关注人力资源管理者个人智力价值的发挥与实现、心理素质的养成,以及人格的塑造。实质上,企业应从人格的内涵和外延两个方面考察、评价人力资源管理者行为,并积极引导和发现他的优良品质,进而提高其综合素质。企业的人力资源管理应立足长远战略,通过人格塑造和针对性的评估,以建立不带浓重政治色彩的人力资源管理者人格档案。同时,管理者要避免强制性灌输,应运用心理学技巧,对人力资源管理者进行个性化的成才设计、形象策划和挫折咨询等辅导。

(二) 纠正观念偏差

目前,我国部分企业在人力资源管理者的选聘与任用上常常侧重从企业短期目标导向出发,只偏重人力资源管理者的文凭与知识,把人才价值等同于专业技能,却很少深入人格层面进行考察。最新理论研究表明,个人的专业技能与知识结构同其人格发展成正比关系——良好的人格有助于专业技能的提高和发挥。因此,企业应修正自身的人才观念,在招聘、日常管理和人才培养等环节,充分考虑人格因素,建立相关测评体系。

(三) 拓宽培训视野

目前,众多跨国企业已开始从人格塑造的深度,研究、培养人力资源管理者良好的心理素质与完美的人格。企业培训的特点决定了"学习型企业"并不等于"学校式企业",其培训功能不能局限于知识的灌输,高科技企业也不例外。企业对人力资源管理者的人格教育与培训不能完全以课堂教学的方式进行,企业可以采用更为灵活的办法,如以会代训:通过会议向人力资源管理者传输新知;以责代训:通过轮岗、承担项目等形式授权负责;阶段性特视角色:通过角色转换,培养、锻炼和提高人力资源管理者能力;以教代训:安排有经验的人力资源管理者承担培训新人的任务,让其得到特殊的培训,提高纵观全局以及与人合作的能力。

(四) 超前关注人格

目前,越来越多的企业把支持教育发展视为自己的社会责任和发展机遇，并将某些学校的学生视为企业未来的人力资源。企业在经济资助之余，要提前介入学校教育，超前关注企业未来人力资源管理者的人格教育，以本企业的理念道德影响和改变相对封闭、抽象的学校教育。此外，企业从学校直接招聘人力资源管理者时应关注毕业生人格成长与现状的材料。

五、进行反馈和评价

企业要通过人力资源管理者身边的上级、下级、同事对其本人的评价，帮助人力资源管理者本人清晰地认识自我，发掘人力资源管理者自身的优势和劣势，并在未来的工作中加以改进。对人力资源管理者胜任力的评价分为计划、质量管理等几大指标，每一指标下又分多个子指标，以保证每个指标都是切实可评价的。

当然，除了上面提到的几种方式，企业还可以对人力资源管理者采取有针对性的一些管理课程进行培训。总之，在任何一个企业，人力资源管理者的培养都是一个长期持续不断的过程，企业需要综合考虑培养目标、培养内容、培养对象及企业资源等因素，在具体的管理实践中不断摸索、创新，才能在企业竞争中取得优势。

第五章 人力资源管理职能的战略转型与优化

第一节 人力资源管理职能的战略转型

一、人力资源管理职能的变化

（一）以战略和客户为导向的人力资源管理

随着全球化步伐的加快、经营环境的复杂化、技术进步尤其是网络和信息技术的突飞猛进、员工队伍的多元化以及社会价值观的改变，组织所处的内外部环境都发生了很大的变化。这些情况都对组织中的人力资源管理职能提出了越来越严峻的挑战，由此出现了很多关于人力资源管理职能变革的呼声。如人力资源管理应当从关注运营向关注战略转变，从警察式的监督检查向形成业务部门的伙伴转变，从关注短期向关注长期转变，从行政管理者向咨询顾问转变，从以职能管理为中心向以经营为中心转变，从关注内部向关注外部和关注客户转变，从被动反应向主动出击转变，从以完成活动为中心向以提供解决方案为中心转变，从集中决策向分散决策转变，从定性管理向定量管理转变，从传统方法向非传统方法转变，从狭窄视野向广阔视野转变，等等。

毋庸置疑，上述提法都有一定道理，但我们必须清楚的一点是，人力资源管理职能的战略转变并不意味着人力资源管理将彻底抛弃过去所做的一切，或者是完全放弃过去的所有做法。相反，现代人力资源管理职能必须在传统和现代之间找到一个适当的平衡点，只有这样才能为组织的经营和战略目标的达成提供附加价值，帮助组织在日益复杂的环境中获得竞争优势。

人力资源管理在一个组织的战略制定及执行过程中起着非常重要的作用。它不仅要投入到组织的战略制定过程之中，还要负责通过制订和调整人力资源管理方案和计划来帮助组织制定的战略得到贯彻和执行。然而，人力资源管理部门要想在组织中真正扮演好这种战略性角色，就必须对传统的人力资源管理职能进行重新定位；同时，要围绕新的定位来调整本部门的工作重点及在不同工作活动中所花费的时间。

近年来，在人力资源管理领域出现了一个与全面质量管理哲学一脉相承的新趋势，这就是企业的人力资源部门应当采取一种以客户为导向的方法来履行各种人力资源管理职能，即人力资源管理者把人力资源管理职能当成一个战略性的业务单位，从而根据客户基础、客户需要来重新界定自己的业务。以客户为导向是人力资源管理在试图向战略性职能转变时所发生的一个最为重要的变化。

这种变化的第一步就是要确认谁是人力资源部门的客户。需要得到人力资源服务的直线管理人员显然是人力资源部门的客户；组织的战略规划团队也是人力资源部门的一个客户，因为这个小组也需要在与人有关的业务方面得到确认、分析并且获得建议；此外，员工也是人力资源管理部门的客户，他们因与组织确立雇佣关系所获得的报酬、绩效评价结果、培训开发计划以及离职手续的办理等，也都需要由人力资源部门来进行管理的。

第二步是确认人力资源部门的产品有哪些。直线管理人员希望获得忠诚、积极、有效且具有献身精神的高质量员工；战略规划团队不仅在战规划过程中需要获得各种信息和建议，而且需要在战略执行过程中得到诸多人力资源管理方面的支持；员工则期望得到一整套具有连续性、充足性和公平性特征的薪酬福利计划，同时还希望能够得到公平的晋升及长期的职业生涯发展。

最后，人力资源管理部门应明确通过哪些技术来满足客户的需要。客户的需要是不同的，因此人力资源管理部门所需要运用的技术也就有所不同。人力资源部门建立的甄选系统必须能够确保所有选拔出来的任职者都具有为组织带来价值增值所必需的知识、技术和能力。培训和开发系统则需要通过为员工提供发展机会来确保他们不断增加个人的人力资本储备，为组织创造更高的价值。绩效管理系统则需要向员工表明，组织对他们的期望是什么，同时还要向直线管理人员和战略制定者保证，员工的行为将与组织的目标保持一致。此外，报酬系统需要为所有的客户（直线管理人员、战略规划人员以及员工）带来收益。

人力资源管理部门除了要把组织的战略规划人员、直线管理人员以及员工作为自己的客户，还应把外部求职者作为非常重要的客户。当前，人才竞争日益激烈，人力资源管理部门及其工作人员在招募、甄选等过程中表现出的专业精神、整体素质、组织形象等，不但直接影响到组织是否有能力雇用到高素质的优秀员工，而且对组织的雇主品牌塑造有重要的影响。

（二）人力资源管理职能的工作重心调整

从理想的角度来说，人力资源管理职能在所有涉及人力资源管理的活动中都应该做到非常出色。但是在实践中，由于面临时间、经费和人员等方面的资源约束，人力资源管理职能想要同时有效地承担所有工作活动往往是不可能的。因此，人力资源管理部门必须做出这样一种战略选择，即考虑将现有的资源分配到哪里及如何进行分配，才最有利于组织的价值最大化。

人力资源管理活动可分为变革性活动、传统性活动和事务性活动。变革性活动主要包括知识管理、战略调整和战略更新、文化变革、管理技能开发等战略性人力资源管理活动；传统性活动主要包括招募和甄选、培训、绩效管理、薪酬管理、员工关系等传统的人力资源管理活动；事务性活动主要包括福利管理、人事记录、员工服务等日常性事务活动。

在企业中，这三类活动耗费人力资源专业人员的时间比重大体上分别为 5%~15%、15%~30% 和 65%~75%。显然，大多数人力资源管理者都把大部分时间花在了日常的事务性活动上，在传统性活动上花费的时间相对来说较少，至于在变革性活动上所花费的时间就更是少得可怜。由于事务性活动只具有较低的战略价值，传统性活动尽管构成了确保战略得到贯彻执行的各种人力资源管理实践和制度，也只具有中度的战略价值，而变革性活动则因帮助企业培育长期发展能力和适应性而具有最高的战略价值，所以，人力资源管理者在分配时间时应尽量减少在事务性活动和传统性活动上的时间分配，更多地将时间用于对企业最具战略价值的变革性活动。如果人力资源专业人员在三种活动上的时间分配能够调整到 25%~35%、25%~35% 和 15%~30%，即增加他们在传统性尤其是变革性活动方面付出的努力，那么人力资源管理职能的有效性必能得到极大的提高，为企业增加更多的附加价值。

值得注意的是，人力资源管理职能在事务性活动上所占用的时间并不意味着人力资源部门不再履行事务性人力资源管理活动职能。相反，人力资源部门必须继续履行这些职能，只不过是以采取一种更为高效的方式来完成这些活动。

二、人力资源专业人员的角色与胜任素质

（一）人力资源专业人员扮演的角色

人力资源管理职能面临更高要求的情况下，人力资源专业人员和人力

资源部门应如何帮助组织赢得竞争优势以及实现组织的战略目标呢？人力资源管理者和人力资源部门在组织中应当扮演好哪些角色呢？很多学者和机构都对此进行了研究。

卡罗尔提出，人力资源管理专业人员主要应当扮演好以下三个方面的角色，即授权者、技术专家以及创新者。授权者是指人力资源管理人员授权直线管理人员成为人力资源管理体系的主要实施者；技术专家是指人力资源专业人员将从事与薪酬及管理技能开发等有关的大量人力资源管理活动；创新者是指人力资源管理者需要向组织推荐新的方法来帮助组织解决各种与人力资源管理有关的问题，如生产率的提高及由于疾病导致的员工缺勤突然上升等。

斯托雷在20世纪八九十年代广泛参与了在英国展开的关于人力资源管理特点的大讨论，他基于"干涉性－不干涉性"和"战略性－策略性"这两个维度提出，人力资源管理者及其部门应当扮演顾问、仆人、管制者以及变革实现者四种角色。所谓顾问，是指人力资源管理者应当了解人力资源管理领域的各种最新进展，然后让直线管理人员来实际实施各种相关的变革。所谓仆人，是指人力资源管理者在提供服务时要以客户为导向，努力成为直线管理人员的助手和服务者。所谓管制者，是指人力资源管理者需要制定和宣传各项雇用规则并且负责监督其执行，这些规则既包括公司的各项人事程序手册，也包括与工会签订的集体合同。所谓变革实现者，是指人力资源管理者应当根据组织的经营需要，将员工关系置于一套新的基础之上。

在人力资源管理者及人力资源管理部门所扮演的角色方面，美国密歇根大学的戴维·尤里奇教授也提出了一个简明分析框架。尤里奇认为，一个组织的人力资源部门所扮演的角色和所承担的职责主要反映在两个维度上：人力资源管理工作的关注点以及人力资源管理的主要活动内容。从关注点来说，人力资源管理既要关注长期战略层面的问题，也要关注短期日常操作层面的问题。从人力资源管理活动的内容来说，人力资源管理既要做好对过程的管理，也要做好对人的管理。基于这样两个维度，就产生了人力资源管理需要扮演的四个方面的角色，即战略伙伴、行政专家、员工支持者以及变革推动者。

国际公共部门人力资源管理学会也提出了一个模型用以阐明人力资源管理者在公共部门中所应当扮演的四大角色，即人力资源专家、变革推动者、经营伙伴以及领导者。其中，人力资源专家的角色强调，人力资源专业人员应当做好传统的人力资源管理中的各项专业技术工作。变革推动者的角色强调，人力资源专业人员一方面要帮助直线管理人员应对变革，另一方面要在人力资源管理职能领域内部进行有效的变革。经营伙伴的角色强调，人力资源专业人员不仅要告诉直线管理人员不能做什么，还应当向他们提出有助于他们解决组织绩效难题的有效建议，参与组织的战略规划，以及围绕组织的使命和战略目标帮助组织达成结果。领导者的角色强调，人力资源专业人员一方面必须对绩效原则及其他道德伦理保持高度的敏感性，另一方面也要平衡好员工的满意度、福利与组织的要求和目标之间的关系。

(二) 人力资源专业人员的胜任素质模型

与人力资源管理专业人员及其所在部门所扮演的角色高度相关的一个问题就是：人力资源管理的专业人员需要具备怎样的能力才能胜任组织对人力资源管理工作所提出的战略要求？对此，很多学者和机构都进行了研究。

1. 戴维·尤里奇等人的人力资源专业人员胜任素质模型研究

在人力资源专业人员胜任素质模型研究方面，戴维·尤里奇和韦恩·布鲁克班克所领导的人力资源胜任素质研究具有较大影响。尤里奇等人主持的研究开始于1988年，总共进行了五轮，后续的研究分别完成于1992年、1997年、2002年和2007年。这项研究的目的是发现人力资源管理专业人员所需具备的胜任素质，同时追踪人力资源管理领域的最新发展趋势，从而帮助人力资源管理者及其所在部门了解如何才能帮助组织创造更多的价值。在近20年的时间里，该项研究累计调查了四万名人力资源管理专业人员及直线管理人员。前三轮的调查数据主要是在美国收集的，从2002年开始，数据的收集范围扩大到北美洲、南美洲、亚洲、欧洲等。在1988年和1992年的调查中，研究小组共发现三大类胜任素质，即经营知识、人力资源管理职能履行能力和变革管理能力。到1997年，又增加了两大类胜任素质，即文化管理能力和个人可信度。

2002年的调查研究最终确立的模型，包括五大类胜任素质，即战略贡献能力、个人可信度、人力资源服务能力、经营知识以及人力资源技术运用能力。

战略贡献能力是指人力资源管理者必须能够管理企业文化，为快速变革提供便利条件，参与战略决策。同时，它还要求人力资源从业人员不仅要关注内部客户，同时还要在相当大程度上关注组织的外部客户。

个人可信度是指人力资源专业人员在自己的人力资源同事和作为本人服务对象的直线管理人员心目中应是值得信赖的。在这方面，他们需要与本业务领域内外的关键人物建立有效的关系。他们不仅需要承诺达成结果并确实能够做到，而且要建立起可靠的追踪记录。此外，他们还必须掌握有效的书面和口头沟通技巧。

人力资源服务能力包括人员配置能力、开发能力、组织结构建设能力和绩效管理能力。其中，配置能力是指人力资源专业人员必须有吸引、晋升、保留员工以及在必要时将某些员工安排到组织的外部的能力。开发能力主要是指他们有设计开发方案、提供职业规划服务以及为内部沟通过程提供便利的能力，这里的开发对象既包括员工，也包括组织。组织结构建设能力则是指有对组织流程重组、衡量人力资源管理实践对组织的影响以及管理人力资源管理实践的全球化问题的能力。

经营知识是指人力资源专业人员对于组织所处的业务领域及行业的理解程度，其中最关键的知识领域包括对组织整体价值链（组织是如何进行横向整合的、组织的价值主张、组织是如何创造财富的）的理解。

人力资源技术运用能力是指人力资源专业人员在人力资源管理领域中运用各种技术的能力，以及利用电子化和网络化手段向客户提供服务的能力。

通过此次调查建立的新的人力资源胜任素质模型表明，人力资源专业人员必须掌握与人打交道和与业务打交道两个方面的胜任素质。基于人和业务两个维度，新的人力资源胜任素质模型主要包括可靠的行动者、文化和变革统管者、人才管理者/组织设计者、战略构建者、运营执行者、业务支持者六大类胜任素质，这些胜任素质所要解决的分别是关系、流程和组织能力三个层面的问题。新模型特别强调，人力资源的胜任素质并不仅仅是指知识，更重要的是运用这些知识的能力，即知道应当如何去做。

（1）可靠的行动者。它是指人力资源专业人员不仅必须可靠（即能够赢得别人的尊重、赞赏，别人愿意倾听他们的意见），而且必须是积极的行动者（即提供意见和观点、表明立场、挑战假设）。可靠但不能采取行动的人力资源专业人员会得到别人的赞赏，但不具备影响力；而那些尽管积极采取行动但是并不可靠的人力资源专业人员，则没有人会听从他们的建议。在这方面，人力资源专业人员需要以诚信的方式达成结果、分享信息、建立信任关系，以某种姿态（承受适度的风险、提供坦诚的评论、影响他人等）来完成人力资源工作。

（2）文化和变革统管者。它是指人力资源专业人员必须认识到并表明组织文化的重要性，同时帮助组织形成自己的组织文化。文化是一整套活动，而不是单个的事件。在理想状态下，文化首先应当从理解组织外部客户的期望（组织的身份或品牌）入手，然后将这些期望转化为内部员工及整个组织的行为。作为文化的统筹管理者，人力资源专业人员应当尊重组织过去的文化，同时还要帮助组织塑造新的文化。此外，成功的人力资源专业人员应能够通过两种途径为组织变革提供便利条件：其一是帮助组织形成文化，其二是制定一系列的规章制度来推动变革在整个组织中发生。

（3）人才管理者/组织设计者。它是指人力资源专业人员必须掌握人才管理和组织设计方面的相关理论、研究成果以及管理实践。人才管理所关注的是胜任素质要求，以及员工如何进入一个组织、在组织内晋升、跨部门调动或者离开组织。组织设计所关注的则是一个组织是如何将各种能力（比如合作能力）嵌入决定组织运行的结构、流程以及政策中的。人力资源管理既不是仅仅关注人才，也不是仅仅关注组织，而是同时关注两者。

（4）战略构建者。它是指人力资源专业人员对于组织在未来将会如何取得成功应当有一个清晰的愿景；并且当组织在制定实现这一愿景的战略时，应当扮演积极的角色。这就意味着人力资源专业人员必须能够认清业务发展的趋势以及他们对于业务可能产生的影响，预见到组织在取得成功的过程中可能会遇到的潜在障碍，同时，还要在组织实施战略的过程中提供各种便利条件。

（5）运营执行者。它是指人力资源专业人员还应当承担一些操作方面的事务。他们需要起草、修订以及实施各种政策。此外，员工也会产生很多行政管理方面的需要（比如领取薪酬、雇用手续办理、得到培训等），人力资源专业人员必须通过运用技术、共享服务以及（或）外包等手段来确保员工的这些基本需要得到及时的满足。

（6）业务支持者。制订能够对组织外部的机会和威胁做出反应的目标，才能保证组织的经营取得成功。首先，人力资源专业人员应当通过了解组织开展业务的社会背景或环境，为组织经营的成功做出自己的贡献。其次，他们还应当知道组织业务的营利模式，即所谓的企业的价值链。最后，他们还必须深刻理解组织经营中的各个方面（比如财务、市场、研发以及工程技术等），知道自己应当完成哪些工作任务，必须怎样共同完成工作，从而帮助组织将业务组织起来去获得竞争优势。

2.雷蒙德·诺伊等人的人力资源专业人员胜任素质模型

研究决策能力、领导人能力的资源管理学者雷蒙德·诺伊等人也提出了包括人际关系能力、决策能力、领导能力以及技术能力在内的人力资源专业人员胜任素质模型。

（1）人际关系能力。人际关系能力是指理解他人并与他人很好地合作的能力。尽管这种能力对于任何一种职业来说都很重要，但是对今天的人力资源专业人员来说，其重要性尤为突出；人力资源专业人员需要了解，在帮助组织赢得竞争优势时，组织成员到底扮演何种角色，同时还要了解组织的哪些政策、项目以及管理实践能够帮助员工扮演好这样的角色。此外，人力资源专业人员还必须熟练掌握沟通、谈判以及团队开发等方面的技能。

（2）决策能力。人力资源专业人员必须做出各种类型的决策，这些决策不仅会影响到员工是否胜任工作、能否得到充分的激励，还会影响到组织在遵守相关法律法规的同时能否高效运营。在那些要求人力资源部门扮演战略支持角色的组织中，人力资源专业人员还必须能够在战略问题上运用自己的决策能力。这就要求人力资源专业人员必须拥有组织经营和业务方面的知识，同时有能力通过成本收益分析为组织提供各种可能的选择。最后，在进行人力资源决策时，人力资源专业人员还必须考虑到各种可供选择的方案所体现的社会和伦理道德含义。

（3）领导能力。人力资源专业人员需要在涉及组织的人力资源问题时，扮演领导角色。在当前情况下，人力资源专业人员要想帮助组织管理好变革过程，就必须具有一定的领导力，这意味着其需要做好以下几个方面的工作：诊断问题；实施组织变革；评价变革结果。由于变革往往会带来冲突、抵制以及思想混乱，人力资源专业人员必须有能力对整个变革过程进行监控，提供各种工具来帮助组织克服变革所遇到的抵制，指导员工如何在新的条件下完成工作，同时激发员工的创造力。

（4）技术能力。技术能力是指人力资源管理领域中的专业化技能，即人员配备、人力资源开发、报酬、组织设计等方面的知识。新的甄选技术、绩效评价方法、各种培训项目以及激励计划等不断涌现，并且大多需要运用新的软件和计算机系统。人力资源专业人员必须能够评估新技术的价值，根据人力资源管理的基本原则和企业价值要求，对这些新技术进行认真细致的评价，以判断哪些技术对组织是有价值的。

3.国际公共部门人力资源管理学会的人力资源专业人员胜任素质模型

国际公共部门人力资源管理学会提出的公共部门人力资源专业人员胜任素质模型共包括22项胜任素质。

（1）理解公共服务环境的能力。能够跟踪可能会影响组织及其人力资源管理的各项政治和法律活动；理解政治改革过程中产生的法律、法令以及法规的内容和文字，以确保组织的执行过程与法律和政治改革所要达到的结果保持一致。

（2）知晓组织使命的能力。提供的产品或服务及组织使命达成情况的衡量指标；能够理解组织存在的目的，其中包括其法律地位、客户、目标；能够在各项人力资源管理活动和使命的成功达成之间建立必要的联系；跟踪、了解可能会在未来对组织使命产生影响的各种因素。

（3）理解业务流程以及如何提高效率和有效性的能力。能从更大的组织经营角度来理解人力资源管理计划所要承担的职责；能够通过实施变革来提高组织的效率和有效性。

（4）理解团队行为的能力。能够运用团队行为方面的知识来帮助组织达成长期和短期的目标；同时能够注意跟踪、了解可能运用于组织的各种最新的人员激励和团队工作方法。

（5）设计和实施变革流程的能力。能够意识到变革的潜在利益，并且营造支持变革的基本条件；对新的思想保持灵活性和开放性，鼓励其他人认可变革的价值。

（6）良好的沟通能力。能够清晰且具有说服力地表达思想及交换信息；基于组织的经营结果和目标，而不是人力资源管理的技术术语来进行交流；能够与组织各个层级的人员进行有效沟通。

（7）创新能力及营造风险承担环境的能力。拥有超常规思考的能力，以及在使命需要的情况下创造超出现有政策范围的新方法的能力。

（8）评价和平衡具有竞争性的价值观的能力。根据组织使命的要求持续对当前和未来需要完成的各项工作进行评估，管理各种相互竞争的工作重点和各项工作任务安排；与高层管理者保持紧密联系，以确保理解组织使命要求优先完成的各项任务；向关键客户解释工作重点和优先顺序，以确保他们能够理解关于工作重点和优先顺序的决策过程。

（9）运用各项组织开发原则的能力。随时了解能够用于改进组织绩效的各种社会科学知识及人类行为战略；制定更多有助于促进组织内部学习的战略；通过提供更多的建议为员工个人的成长创造更多的机会。

（10）理解经营系统思维的能力。在人力资源管理的工作过程中能够运用整体性的系统思考方式，在向各类客户提供建议和解决方案时，确保考虑到各种内部和外部的环境因素。

（11）将信息技术运用于人力资源管理领域的能力。关注和了解对于改善组织人力资源管理的效率和有效性存在潜在价值的已有技术或新技术；能够在适当的时候提出采用新的人力资源信息技术的建议。

（12）理解客户和组织文化的能力。对客户和组织的特点进行研究，以确保自己提出的帮助和咨询建议是恰当的；时刻关注文化差异，确保所提供的服务是符合文化要求的。

（13）良好的分析能力。对从各种不同来源获得的数据和信息进行多重分析，并且得出符合逻辑的结论；能够认识到可以获得的数据和需要的数据之间存在的差距，提供获得所需数据的其他途径。

（14）通晓人力资源管理法律和政策的能力。跟踪、了解影响人力资源管理计划的各种法律法规；能够运用这些法律法规的内容来帮助组织管理人力资源。

（15）咨询和谈判能力（含争议解决能力）。采取行动解决问题或协助解决问题；了解各种解决问题的技术，并且能够运用这些技术或能够建议争议各方运用这些技术。

（16）形成共识和建立联盟的能力。运用形成共识的能力在个人或群体之间达成合作；客观总结反对观点；综合所有观点达成一个共同立场或一份协议；通过展现事实与管理者就分歧达成协议；在意见分歧的基础上生成一种替代性的解决问题的方案；当正在采取的行动与法律要求或高层的政策要求不一致时，知道应当在何时以及如何将问题提交给更高级别的直线管理者；当一件事情关乎组织的使命或声誉时，有勇气坚持自己的立场。

（17）建立信任关系的能力。诚实、正直并且能够通过专业行为来赢得客户的信任；及时、准确、完整地履行承诺；严守秘密，不滥用接触机密信息的特权。

（18）建立人力资源管理与组织使命和服务结果间联系的能力。理解组织使命的需要及履行使命的人员需求；理解人力资源管理在组织中所扮演的角色，并调整自己的行为和工作方法，以与这种角色保持一致。

（19）客户服务导向能力。紧随组织氛围和使命所发生的变化，对客户的需求和关注点保持高度敏感性；对客户需求、客户提出的问题以及关注的问题及时、准确地做出反应。

（20）重视和促进多元化的能力。能够理解一支多元化的员工队伍对于组织的成功所作出的潜在贡献；能够意识到人力资源管理流程对于多元化可能产生的潜在影响；努力确保多元化的需要得到考虑。

（21）践行并推动诚实和道德行为。以一种展现出对别人的信任且能够获得他人信任的方式来采取行动；不管客户在组织中处于何种位置和层级，都要做到公平、礼貌、有效地对其需求做出反应。

（22）营销和代表能力。能够就为何实施某些项目或采取某些行动以及可能达成的有利结果等事宜去说服内部和外部客户；总结对某一个问题的正反两方面意见，说服相关各方采取最有利的行动方案；确保客户能够意识到人力资源管理角色的重要性。

第二节　人力资源管理职能的优化

一、循证人力资源管理

（一）循证人力资源管理的内涵

在当今社会，企业界越来越充分地认识到人力资源管理对组织战略目标的实现和竞争优势的获得所具有的重要战略作用。随着人力资源管理的投入不断增加，企业也产生了一些困惑。其中的一个重要疑问就是：这些人力资源管理政策、管理活动以及资金投入是否产生了合理的回报、达到了预期的效果？这就要求对组织的人力资源管理活动进行科学的研究和论证，以可靠的事实和数据来验证人力资源管理的有效性，进而不断实施改进。这种做法称为循证人力资源管理（又称为实证件人力资源管理或基于事实的人力资源管理）。

循证的实质是强调做事要基于证据，而不是基于模糊的设想或感觉等。循证管理的中心思想就是要把管理决策和管理活动建立在科学依据之上，通过收集、总结、分析和应用最佳的科学证据来进行管理，对组织结构、资源分配、运作流程、质量体系和成本运营等做出决策，不断提高管理效率。

循证人力资源管理是循证管理理念在人力资源管理领域的一种运用，

它是指运用数据、事实、分析方法、科学手段、有针对性的评价以及准确的案例研究，为人力资源管理方面的建议、决策、实践以及结论提供支持。简而言之，循证人力资源管理就是审慎地将最佳证据运用于人力资源管理实践的过程。循证人力资源管理的目的就是要确保人力资源管理部门的管理实践对于组织的收益或者其他利益相关者（员工、客户、股东）产生积极的影响。通过收集关于人力资源管理实践与生产率、流动率、事故数依、员工态度以及医疗成本之间的关系的数据，循证人力资源管理实践可向组织表明，人力资源管理确实能对组织目标的实现作出贡献。因此，组织对人力资源项目进行投资是合理的。目前，很多企业的人力资源管理决策都缺乏科学依据，往往依靠自觉和经验行事，这不仅难以保证人力资源决策本身的科学合理，同时也无法证明或者验证人力资源管理活动对组织的战略和经营目标的实现所作出的实际贡献，结果导致了人力资源管理处于一种比较尴尬的境地。因此，基于事实和证据来实施各项人力资源管理活动，将会产生两个方面的积极作用。一是确保并且向组织证明人力资源管理职能确实是在努力为组织的研发、生产、技术、营销等其他职能提供有力的支持，而且为组织战略目标的实现作出实实在在的贡献；二是可以考察人力资源管理活动在实现某些具体目标和有效利用预算方面取得的成效，从而不断改善人力资源管理活动本身的效率和效果。

（二）循证人力资源管理的路径

人力资源管理者做好以下四个方面的工作，将有助于贯彻循证人力资源管理的理念，提高人力资源管理决策的质量，增加对组织的贡献。

1. 获取和使用各种最佳研究证据

所谓最佳研究证据，是指经过同行评议或同行审查的质量最好的实证研究结果，这些结果通常是公开发表的、经过科学研究得到的。如想要研究绩效标准的高低对员工绩效的影响，那么，在一项高质量的实证研究中，通常会使用一个控制组（或时照组），即在随机分组的情况下，要求两个组完成同样的工作任务，但是对实验组的绩效标准要求较高，然后考虑两组的实际绩效水平差异。在另外一些情况下，则需要采取时间序列型的研究设计。当然，有时无法进行理想状态下的实证研究，在这种情况下，能够控制住一些误差（尽管不能控制所有误差）的实证研究也是有一定价值的。只不过在使用这些证据时，人力资源管理者最好能搞清楚哪些证据是可用的，以及应当如何使用这些证据。

2. 了解组织实际情况，掌握各种事实、数据以及评价结果等

人力资源管理者要系统地收集组织的实际状况、数据、指标等信息，从而确保人力资源管理决策和所采取的行动是建立在事实基础之上的，即使是在使用最佳实证研究证据时，也必须同时考虑组织的实际情况，从而判断哪些类型的研究结果可能是有目的。总之，人力资源管理者必须将各种人力资源判断和决策建立在对事实尽可能全面和准确把握的基础之上。例如，组织希望通过离职面谈发现近期员工流动的主要原因，而很多离职者都提到了组织文化和领导方式的问题，那么，人力资源管理人员就应当继续挖掘到底是组织文化和领导方式中的哪些特征最有可能导致员工流失。只有揭示了组织某种情况的具体事实，才更容易找到和运用适当的证据来确认导致问题出现的主要原因，同时发现可以对问题进行干预的措施以及如何最好地实施这些干预措施。

3. 利用人力资源专业人员的科学思考和判断

即人力资源专业人员可以借助各种有助于减少偏差、提高决策质量、能够实现长期学习的程序、实践以及框架的支持，做出科学的分析和判断。有效证据的正确使用不仅依赖于与组织的实际情况相关的高质量科学研究结果，还依赖于人力资源决策过程。这是因为证据本身并非问题的答案，而是需要置于某个具体的情况下考虑，即要想做出明智的判断和高质量的人力资源决策。人力资源管理者还需要对得到的相关证据和事实进行深入的思考。但问题在于，人会存在认知局限，从而在决策中不可避免地会存

在各种偏差。总之，人力资源管理者应在批判性思考的基础上对情境因素进行仔细分析，找到一个能够对判断所基于的各种假设进行考查的决策框架，了解事实和目标，以对问题得出更为准确的判断和解释。

4. 考虑人力资源决策对利益相关者的影响

人力资源管理者在进行人力资源决策时，必须考虑到伦理道德层面的因素，权衡决策对利益相关者和整个社会可能产生的长期和短期影响。人力资源决策和人力资源管理实践对于一个组织的利益相关者会产生直接和间接的后果，这些后果不仅会对普通员工产生影响，而且会对组织的高层和中层管理人员产生影响，同时还有可能会对组织外部的利益相关者，如供应商、股东或者普通公众产生影响。例如，组织的人力资源招募和甄选政策会对不同群体的求职者产生不同的影响，一些影响是正面的，而另一些影响却是负面的。又如，某种测试工具导致某种类型的求职者总体上的得分低于其他求职者群体，但是这种测试工具却与求职者被雇用之后的工作绩效并无太大关系，那么这种测试工具就应该被舍弃。总之，对各种利益相关者的关注是考虑周全且基于证据的人力资源决策所具有的重要特征之一，它有助于人力资源决策避免在无意中对利益相关者造成不必要的伤害。

（三）人力资源管理职能的有效性评估

循证人力资源管理一方面要求组织的人力资源管理决策和人力资源管理实践应当建立在事实和数据等的基础之上，另一方面也要求对人力资源管理职能的有效性进行评估。在评估组织的人力资源管理职能有效性可以运用两种方法，即人力资源管理审计法和人力资源管理项目效果分析法。

1. 人力资源管理审计

在人力资源管理领域，以数字为基础的分析常常始于对本组织内人力资源管理活动进行人力资源管理审计。人力资源管理审计是指按照特定的标准，采用综合研究分析方法，对组织的人力资源管理系统进行全面检查、分析与评估，为改进人力资源管理功能提供解决问题的方向与思路。作为一种诊断工具，人力资源管理审计能够揭示组织人力资源系统的优势与劣势以及需要解决的问题，帮助组织发现所缺失或需要改进的功能，最终确保人力资源管理职能最大限度地为组织使命和战略目标的达成作出贡献。

人力资源管理审计通常可以划分为战略性审计、职能性审计和法律审计三大类。其中，战略性审计主要考查人力资源管理职能是否是企业竞争优势的来源以及对组织总体战略目标实现的贡献程度；职能性审计旨在帮助组织分析各种人力资源管理职能模块或政策的执行效率和效果；而法律审计则比较特殊，它的主要作用在于考察组织的人力资源管理活动是否遵守相关法律法规。

在西方发达国家，人力资源管理中的法律审计常常受到高度重视，这是因为如果一个组织的人力资源管理活动出现了违反法律规定的情况，可能会面临巨额的经济惩罚。而在我国，除了一些出口企业由于受到国际规则的限制而不得不对自己的人力资源管理活动的合法性和合规性进行审计和报告，绝大部分企业的法律意识还比较薄弱。随着我国相关劳动法律体系的健全以及劳动保障部门执法力度的加强，企业必须重视对本企业人力资源管理政策和实践进行法律审计，以确保其合法性。以招募和甄选过程中的法律审计为例。企业首先需要对组织的招聘政策、招聘广告、职位说明书、面试技术等关键环节的内容进行详细、客观的描述，然后再根据这些内容来寻找相关的法律条款（比如我国颁布的劳动法及凡配套法律法规等），将本企业的管理实践与法律规定进行对比审计分析，以确保其合法性，在必要时还需要根据法律要求和自身情况作出调整和改进。通过这样的审计过程，企业能在很大程度上避免因违反相关法律法规而带来的直接或间接损失，这是人力资源管理职能能够为组织作出的一种非常直接的贡献。

比较常见的人力资源管理审计都是考查人力资源管理对于组织的整体

贡献以及各人力资源管理职能领域的工作所产生的结果，即以战略性审计和职能性审计居多。其中，战略性审计主要考查人力资源管理对组织的利润、销售额、成本、员工的离职率和缺勤率等整体性结果所产生的影响，而职能性审计则主要通过收集一些关键指标来衡量组织在人员的招募、甄选与配置、培训开发、绩效管理、薪酬管理、员工关系、接班计划等领域的有效性。关于人力资源管理审计中的战略性审计和职能性审计所使用的指标，因为各个组织的行业特点存在差异，所以审计指标的选取以及指标的详细程度也会有所差异。

在确定了人力资源管理审计使用的绩效衡量指标之后，相关人员就可以通过收集信息来实施审计了。关键经营指标方向的信息通常都能在组织的各种文件中找到。有时，人力资源部门为了收集某些特定类型的数据，还可能需要创建一些新的文件。此外，为了从人力资源管理专业领域的最佳实践中获益，组织还可以邀请外部的审计团队对某些具体的人力资源管理职能进行审计。现在，由于电子化员工，数据库及相关人力资源管理信息系统的建立，人力资源管理审计所需要的关键指标的收集、存储、整理以及分析工作越来越容易，很多满意度调查可以通过网络来完成，这些情况都有助于推动企业通过实施人力资源管理审计来提高人力资源管理政策和实践的效率及有效性。

2. 人力资源管理项目效果分析

衡量人力资源管理有效性的另一种方法是对某项具体的人力资源管理项目或活动进行分析。该分析方法对人力资源管理项目进行评价的方式有两种：一是以项目或活动的预期目标为依据来考查某一特定的人力资源管理方案或实践（比如某个培训项目或某项新的薪酬制度）是否达到了预定的效果；二是从经济的角度来估计某项人力资源管理实践可能产生的成本和收益，从而判断其是否为组织提供了价值。

比如，企业在制订一项培训计划时，通常会确定这个计划期望达成的目标，比如通过培训在学习层、行为层及结果层（绩效改善）等方面产生一定的效果。人力资源管理项目分析可据此衡量该培训计划是否实现了之前设定的目标，即培训项目对于受训者的学习、行为及工作结果到底产生了怎样的影响。

对上述培训项目还可以采用经济分析的方法，即在考虑与培训项目有关的所有成本的前提下，对该培训项目所产生的货币价值进行评估。这些人力资源管理项目的成本包括员工的薪酬以及实施培训、员工满意度调查等人力资源管理计划所支付的成本；收益则可能包括与员工的缺勤率和离职率相关的成本下降，以及与更好的甄选和培训计划有关的生产率上升等。显然，成功的人力资源管理项目所产生的价值应高于其成本，否则这个项目从经济上说就是不划算的。

在进行"成本－收益"分析时，通常可以采取两种方法，即人力资源会计法和效用分析法。人力资源会计法试图为人力资源确定一个货币价值，如薪酬回报率、预期薪酬支付的净现值以及人力资本投资收益率等。而效用分析法则试图预测员工的行为（比如缺勤、流动、绩效等）所产生的经济影响，如员工流动成本、缺勤和病假成本、通过甄选方案获得的收益、积极的员工态度所产生的效果、培训项目的财务收益等。与审计法相比，人力资源管理项目分析法的要求更高，因为它要求必须得到较为详细的统计数据，但同时也需要支出较多的费用。

二、人力资源管理职能优化的方式

为了提高人力资源管理职能的有效性，组织通常可以采取结构重组、流程再造、人力资源管理外包以及人力资源管理电子化等几种不同的途径。

（一）人力资源管理结构重组

传统的人力资源管理结构是围绕员工配置、培训、薪酬、绩效以及员工关系等人力资源管理的基本职能构建的，是一种典型的职能分工形式。这种结构的优点是分工明确、职能清晰，但其问题在于，人力资源部门中的每一个人往往都只了解组织内部全体员工某一个方面的情况，如员工所受过的培训或员工的薪酬水平、绩效状况等，却没有人对某一位员工尤其是核心人员有一个整体性的了解。这样，人力资源部门在吸引、留住、激励以及开发人才方面能够为组织做出的贡献就会大打折扣。同时，由于各个人力资源管理的职能模块往往各行其是，各种人力资源管理职能之间的匹配性和一致性较差，无法满足战略性人力资源管理的内部契合性要求，从而使人力资源管理工作的整体有效性受到影响。因此，越来越多的组织发现，传统的人力资源部门结构划分需要重新调整。

近年来，很多大企业都开始实施一种创新型的人力资源管理职能结构，将人力资源管理的基本职能划分为三个部分：专家中心、现场人力资源管理者和服务中心。专家中心通常由招募、甄选、培训及薪酬等传统人力资源领域中的职能专家组成。这些人员主要以顾问的身份来开发适用于组织的各种高水平人力资源管理体系和流程。现场人力资源管理者是由人力资源管理多面手组成的，他们被分派到组织的各个业务部门之中，具有双重工作汇报关系，既要向业务部门的直线领导者报告，同时也要向人力资源部门的领导报告。这些现场人力资源管理者主要承担两个方面的责任：一是帮助自己所服务的业务部门的直线管理者从战略的高度来强化人的问题，解决作为服务对象的特定业务部门中出现的各类人力资源管理问题，相当于一个被外派到业务部门的准人力资源经理；二是确保整个组织的人力资源管理体系能够得到全面、有效的执行，从而强化帮助组织贯彻执行战略的功能。在服务中心工作的人员所承担的主要任务是确保日常的事务性工作能够在整个组织中有效地完成。

这种组织结构安排通过专业化改善了人力资源服务的提供过程，真正体现了以内部客户为导向的人力资源管理思路。专家中心的员工可以不受事务性工作的干扰，专注于开发自己现有的职能性技能。现场人力资源管理者则可以集中精力来了解本业务部门的工作环境，而不需要竭力维护自己作为一个专业化职能领域中的专家地位。服务中心的员工可以把主要精力放在为各业务部门提供基本的人力资源管理服务方面。

此外，从激励和人员配备的角度来看，这种新型的人力资源部门结构设计方式也有其优点。过去，由于人力资源管理职能是按模块划分的，每一位人力资源管理专业人员往往都陷入了本职能模块所必须完成的事务性工作中，尽管在一些人力资源管理专业人员的工作中也有小部分需要较高水平的专业知识和技能才能完成的工作，但是大部分工作都属于日常事务性的，这必然会导致一些人力资源管理专业人员感觉工作内容枯燥，缺乏挑战性。而根据工作内容的复杂性和难度设计的三层次人力资源部门结构，可以让相当一部分人力资源管理专业人员摆脱日常事务性工作的束缚，集中精力做专业性的工作，同时还可以让一部分高水平的人力资源管理专业人员完全摆脱事务性的工作，主要发挥他们在知识、经验和技能上的优势，重点研究组织在人力资源管理领域中存在的重大问题，从而为人力资源管理职能的战略转型和变革奠定良好的基础。这不仅有助于组织的人力资源管理达到战略的高度，同时也有利于增强对于高层次人力资源管理专业人员的工作激励。

这种新型的人力资源部门的结构设计方式已经在很多大型企业中得到有效实施。例如，在西门子公司，人力资源管理职能就划分为三类。其一是人力资源战略职能，主要负责与大学的联络、人力资源管理工具的开发等，包括招聘、薪酬福利、领导艺术方面的培训课程、人力资源政策开发、法律事务等；其二是人力资源咨询职能，即作为顾问向各业务部门的经理和员工提供招聘、雇用以及员工发展方面的咨询；其三是事务性管理职能，主要完成日常工资发放、医疗保险、养老金上缴、档案管理、签证等方面的事务。这种组织结构设计的特点是，将第二种职能当作人力资源管理部门面向公司员工与经理人员的窗口，一个工作人员负责几个部门。第一和第三种职能分别作为两个支柱，给人事顾问以强大的支持。

（二）人力资源管理流程再造

所谓流程，就是指一组能够一起为客户创造价值的相互关联的活动进程，它是一个跨部门的业务进程。一个流程就是一组将输入转化为输出的活动进程。显然，流程是一组活动，而非单独的活动，并且它是一组以客户为导向的创造价值的活动。所谓流程再造，通常也称为业务流程再造，是指对企业的业务流程尤其是关键或核心业务流程进行彻底的再设计，其目的是使这些工作流程的效率更高，能够生产出更好的产品或提高服务质量，同时更好地满足客户需求。从表面上看，流程再造只是对工作的流程所做的改进，但事实上，流程再造对员工的工作方式和工作技能等都提出了全新的挑战，组织的业务流程再造过程往往需要得到员工的配合并做出相应的调整，否则，流程再造很可能会以失败告终。

流程再造的理论与实践起源于20世纪80年代后期，当时的经营环境是以客户、竞争和快速变化等为特征的，而流程再造正是企业为最大限度地适应这一时期的外部环境变化而实施的管理变革。它是在全面质量管理、精益生产、工作流程管理、工作团队、标杆管理等一系列管理理论和实践的基础上产生的，是发达国家在此前已经运行了一百多年的专业分工细化及组织科层制的一次全面反思和大幅改进。

流程再造可以应用于人力资源管理中的某些具体流程，如招募甄选流程、薪酬调整流程、员工离职手续办理流程等进行审查；也可以用于对某些特定的人力资源管理实践，如绩效管理系统等进行审查。在大量的信息系统运用于组织的人力资源管理实践的情况下，很多组织的人力资源管理流程可能都需要进行优化和重新设计。

在对人力资源管理的相关流程进行再造时，可以由人力资源部门的员工首先对现有的流程进行记录、梳理和研究，然后由组织的高层管理人员、业务部门管理人员以及人力资源专业人员共同探讨,确定哪些流程有改进的必要。大量的人力资源管理软件以及共享数据库的建立等,为人力资源管理的流程再造提供了前所未有的便利。流程再造以及新技术的应用通常会带来书面记录工作简化、多余工作步骤的删减、手工流程的自动化以及人力资源数据共享等多方面的好处,这些都能大大提高人力资源管理工作的效率和有效性,企业不仅可以节约在人力资源管理方面耗费的时间,有时还能降低成本。

IBM公司的经历就很好地说明了一个组织的人力资源部门怎样适应企业的战略,通过流程再造调整人力资源管理部门职能的履行情况,从而不断提升人力资源管理活动的效率,强化其对组织的贡献。1993年,由于消费者的偏好发生变化,IBM亏损了80亿美元。IBM随后启动了企业的转型方案,即从一家老式制造公司转变为一家现代服务提供者。其主要措施是对经营进行重组,以降低成本、提高效率。当时,IBM公司的人力资源管理职能范围很大、很分散,是以区域为中心设置的,在世界各地雇用的员工约3500名。改革之初,人力资源部门先减至2000人,后来为适应公司降低成本的要求,再次进行了大规模整合;到2000年,只剩下了位于北卡罗来纳州罗利市的一个集中部门,人数不到1000人。该中心通过电话、电子邮件、传真、自动应答软件,每年能够向上十多万名IBM员工及其家庭成员提供帮助,处理700万件以上的事务。与此同时,IBM公司员工对于人力资源服务的满意度提高到90%以上。

(三)人力资源管理外包

近年来,很多企业还在探讨如何通过外包的方式来改善人力资源管理的系统、流程和服务的有效性。所谓外包,通常是指一个组织通过与外部的业务承包商签订合同,使其为组织提供某种产品或者服务,而不是利用自己的员工在本企业内部生产这种产品或服务。

企业选择将一些人力资源管理活动或服务外包的主要原因可能有以下

四点。第一，与组织成员自己完成这些工作相比，外部的专业化生产或服务提供商能够以更低的成本提供某种产品或服务，从而可以使组织降低生产或管理成本。第二，外部伙伴有能力比自己更有效地完成某项工作。之所以出现这种情况，往往是因为这些外部服务提供者通常是某一方面的专家。专业分工的优势使他们能够建立和培育起一整套可以普遍适用于多家企业的综合性专业知识、经验和技能，因而这些外部生产或服务承包商所提供的产品或服务的质量往往也会更高。事实上，很多组织一开始都是出于效率方面的原因才寻求业务外包的。第三，人力资源管理服务外包有助于组织内部的人力资源管理工作者摆脱日常人力资源管理行政事务的困扰，集中精力做好对组织具有战略意义的人力资源管理工作，真正进入战略性人力资源管理的层次。第四，有些组织由于规模等方面的原因，不具备完成相关的人力资源管理活动的能力。例如，由于组织规模较小，缺乏相关人力资源管理领域的专业人员，只能借助外部的专业化人力资源管理服务机构来提供某些特定的人力资源管理服务，将培训体系的建立、设计及一些培训课程外包给专业培训机构。

刚开始的时候，企业主要是把人力资源管理中的一些事务性的工作外包出去，例如招募和甄选的前期工作、一些常规性的培训项目、养老金和福利的管理等。现在，许多传统性活动和一些变革性活动也已经被企业用外包的方式加以处理。有些企业甚至将人力资源管理中 50%~60% 的成本和职责都外包出去，只把招募高层管理人员和大学毕业生及人力资源的战略管理工作留在组织内部来完成。然而，人力资源管理活动的外包虽然可能会帮助组织节约时间和成本，有利于为组织提供最优的人力资源管理实践，提高组织为员工，提供的各种人力资源管理服务的质量，同时还能够使组织将精力集中在自己的核心经营活动上，但走这种道路的很多企业在将来也许会面临潜在的问题。这主要表现在以下几个方面。

第一，成本节约的情况在短期内可能不会出现。这是因为这些将人力资源业务外包出去的企业不仅要设法处理好与外部伙伴之间的合作关系，同时还要重新思考战略性人力资源管理在公司内部扮演的角色。尽管从理论上讲，企业将人力资源管理中的一些行政职能外包出去可以将人力资源专业人员的时间解放出来，从而使他们能够将精力集中于战略性人力资源管理活动，但在很多情况下，企业中现有的人力资源专业人员可能并不具备做出战略贡献的能力。因此，企业还必须在提升现有人力资源专业人员的水平方面进行投入。

第二，将人力资源管理业务外包出去的企业可能会对某个单一外部服务提供者产生依赖，这可能导致供应商随后提高服务成本。

第三，人力资源管理外包可能会向员工发出一个错误的信号。即如果一家公司将太多的人力资源管理职能外包给外部承包商来管理，那么，员工可能会认为公司并没有认真对待员工的问题。

在实施人力资源管理服务外包时，企业必须充分考虑外包的成本和收益以及可能出现的各种问题；同时，在选择人力资源管理服务提供商的时候，也要综合考虑其资质、服务能力、业务专长、未来服务的可持续性，并就相关的人力资源数据的保密等问题签订相关的协议，以确保数据及员工隐私的安全。

（四）人力资源管理电子化

在提升人力资源管理的效率和有效性方面，计算机、互联网以及相关的一系列新工具和新技术的出现发挥着非常重要的作用。不仅如此，信息技术的发展还为人力资源管理职能朝战略和服务方向转型提供了极大的便利。从人力资源管理信息技术应用的角度来看，这一转型大体经历三个阶段：一是人力资源信息系统阶段，二是人力资源管理系统阶段，三是人力资源管理电子化阶段。

1. 人力资源信息系统阶段

人力资源信息系统是一个组织在从事人力资源管理活动的过程中，对员工及其从事的工作等方面的信息进行收集、保存、分析和报告的系统。人力资源信息系统早期主要是对员工个人的基本情况、教育状况、技能、经验、所在岗位、薪酬等级以及家庭住址、紧急联络人等基本信息加以整理和记录的系统，后来在这些基本的人事管理信息模块的基础上，逐渐扩展到出勤记录、薪酬计算、福利管理等基本人力资源管理功能方面。可以说，人力资源信息系统是一个人力资源管理辅助系统和基础性的人力资源管理决策支持系统，它可以随时提供组织的人力资源决策所需要的各项基础数据以及基本的统计分析数据。

2. 人力资源管理系统阶段

人力资源管理系统是在人力资源信息系统的基础上进一步发展而来的。这种系统在传统的人事信息管理模块、员工考勤模块以及薪酬福利管理模块等一般性人力资源管理事务处理系统的基础上不断扩展，进一步增加了职位管理系统、员工招募甄选系统、培训管理系统、绩效管理系统、员工职业生涯规划系统等几乎人力资源管理的所有职能模块。此外，人力资源管理系统以互联网为依托，属于互联网时代的人力资源管理信息系统，它从科学的人力资源管理角度出发，一般包括个人基本信息、招募甄选、职位管理、培训开发、绩效管理、薪酬福利管理、休假管理、入离职管理等基本的人力资源管理内容。它能够将组织的人力资源管理人员从烦琐的日常工作中解脱出来，把精力放在更加富有挑战性和创造性的人力资源管理活动上，如分析、规划、员工激励以及战略执行等工作领域。

概括来说，人力资源管理系统是在人力资源信息系统的日常人力资源管理小务处理功能之外，增加了决策支持系统和专家系统。

3. 人力资源管理电子化阶段

电子化人力资源管理，是指基于先进的软件、网络新技术和高速巨大容量的硬件，借助集中式的信息库、自动处理信息、员工自助服务及服务共享实施人力资源管理的一种新型人力资源管理实践，它通常能起到降低成本、提高效率以及改进员工,服务模式的作用。概括地说,电子化人力资源管理实际上是一种电子商务时代的人力资源管理综合解决方案,它包含"电子商务""互联网""人力资源管理业务流程再造""以客户为导向""全面人力资源管理"等核心理念,通过综合利用互动式语音技术、国际互联网、客户服务器系统、关联型数据库、成像技术、专业软件开发、可读光盘存储器技术、激光视盘技术、呼叫中心、多媒体和各种终端设备等信息手段和信息技术,极大地方便了组织人力资源管理工作的开展,同时为各级管理者和广大员工参与人力资源管理工作以及享受人力资源服务提供了极大的便利。

总的来说,电子化人力资源管理可以给组织带来以下四个方面的好处。

(1)提高人力资源管理的效率以及节约管理成本。由于电子化人力资源管理是一种基于互联网和内联网的人力资源管理系统,公司的各种政策、制度、通知等可以通过这个渠道来发布,很多日常人力资源管理事务,如薪酬的计算与发放、所得税的扣缴以及各种人力资源报表的制作等,都可以自动完成,并且员工和各级管理人员也可以通过系统自主查询自己需要的各种人力资源信息,或者自行注册自己希望得到的各种人力资源服务(如希望参与的培训项目或希望享受的福利计划等)。因此,组织实施人力资源管理活动以及提供人力资源服务的速度得以加快,效率得以大大提升。与此同时,人力资源管理活动或服务所占用的组织人员数量和工作时间则相应地大幅减少,企业管理成本得到大幅降低,尤其是对那些员工分散在全球各地的全球性或国际化企业来说更是如此。

(2)提高人力资源管理活动的标准化和规范化水平。在电子化人力资源管理中,很多人力资源管理实践都是建立在标准的业务流程基础之上的,它要求使用者的个人习惯服从于组织的统一管理规范。这种信息存储和使用模式使得企业的人力资源管理活动和服务可以跨时间、跨地域实现,能够确保整个组织的人力资源管理信息和人力资源管理过程的规范性、统一性、一致性，同时也提升了人力资源管理工作的透明度和客观性，有助于避免组织因为人力资源管理事务处理的过程不一致或者其他个人的因素掺入其中而陷入法律诉讼，从而确保员工得到公平对待，进而提升员工的组织承诺度和工作满意度。

（3）彻底改变人力资源部门和人力资源专业人员的工作重心。在传统的人力资源管理方式下，人力资源部门和人力资源专业人员大量从事的是行政事务性工作，其次是职能管理类工作，而在战略性工作方面花费的时间很少。在电子化人力资源管理的环境下，人力资源专业人员所从事的主要工作一般是为员工提供管理咨询服务，行政事务性工作被电子化、自动化的管理流程大后取代，甚至过去需要完成的大量数据维护工作，也可以逐渐由直线经理与员工自己分散完成。电子化人力资源管理积极推动了人力资源职能的变革进程，它使人力资源部门和人力资源专业人员能够真正从烦琐的日常行政事务中解脱出来，由简单的人力资源信息和日常性人力资源服务的提供者转变为人力资源管理的知识和解决方案的提供者，能够随时随地为领导层和管理层提供决策支持，促使他们真正对组织最为稀缺的战略性资源即各类人才给予更为全面的关注。由于电子化人力资源管理能够为人力资源管理专家提供有力的分析工具和可行的建议，帮助人力资源部门建立积累知识和管理经验的体系，所以它还有助于提升人力资源部门和人力资源专业人员的专业能力和战略层次，提高他们为组织作出贡献的能力，这不仅有助于其他组织成员对人力资源专业人员的重视，而且有助于人力资源部门名副其实地扮演战略伙伴的角色。

（4）强化领导者和各级管理者的人力资源管理责任，促进人力资源管理活动的全员参与。随着人力资源管理过程的标准化、简便化以及决策支持力度的增强，除了人力资源管理体系的建立，人力资源管理活动的规划，对整个组织的人力资源管理过程的监控，人力资源管理结果的汇总、分析，以及电子化人力资源管理平台的搭建等工作仍然需要人力资源部门来统一完成,具体人力资源管理活动将会越来越多地委托给直线经理来完成。直线经理可在授权范围内在线查看所有下属员工的相关人事信息,更改员工的考勤信息,向人力资源部提交招聘或培训等方面的计划,对员工提出的转正、培训、请假、休假、离职等流程进行审批,并且能够以在线方式对员工的绩效计划、绩效执行以及绩效评价和改进等绩效管理过程加以管理。电子化人力资源管理也会成为组织领导者对重要的人力资源信息和人力资源指标变化情况进行查询、展示以及做出相关决策的支持平台。领导者不仅可以通过电子化人力资源管理平台直接在网上(在离开办公室的情况下甚至可以利用智能手机)进行相关人力资源事务的处理,而且可以在不依赖人力资源部门的情况下,自助式地获知组织的人力资源状况并且对其进行实时监控。同时,电子化人力资源管理平台也有助于他们获得做出决策所需要的各项人力资源指标变动情况等方面的信息,从而使领导者和管理者越来越直接地参与到人力资源管理的各项决策和政策的实施过程之中。最后,员工也可以利用电子化人力资源管理平台,通过在线的方式查看组织制定的各项规章制度、组织结构、岗位职责、业务流程、内部招募公告、员工的各种人事信息、薪酬的历史与现状、福利申请及享受情况、考勤休假情况、注册或参加的组织内部培训课程、提交的请假或休假申请等。此外,员工还可以在得到授权的情况下修改某些个人信息数据,填报个人绩效计划及绩效总结等。

正是由于电子化人力资源管理所具有的上述优势,利用这种能够适应以网络化、信息化、知识化和全球化为特征的新环境的人力资源管理模式成为当今企业人力资源管理领域的一个重要发展趋势。近年来,我国很多企业的电子化人力资源管理系统也正在逐渐构建和完善,它们通过网络来完成一些传统上必须面对面才能完成的人力资源管理活动,如通过网络进行求职简历的收集和初步筛选、对求职者进行初步面试;通过电子化的员工培训开发系统为员工提供网络化的学习平台;通过绩效管理软件对员工的日常工作进行跟踪，并通过在线的方式完成360度绩效反馈等。总之，越来越多的人力资源管理工作能够通过电子化人力资源管理系统来完成。此外，我国市场上也出现了不少电子化人力资源管理服务的供应商，一些大型软件供应商在原来的人力资源管理系统的基础上，纷纷开发出综合性的电子化人力资源管理信息平台。可以预见，电子化人力资源管理在我国企业中的普及速度会越来越快，也必将会有越来越多的企业从中受益。

第六章 人力资源管理的创新发展必然性分析

人力资源管理创新是指组织通过推行新的管理方法和手段，革除传统人力资源管理模式的弊端，加强管理，以提高经济效益和社会效益的行为。由于我国真正推行人力资源管理的时间相对较晚，管理的模式和方法相对陈旧，做好人力资源管理的创新具有特别重要的意义。

第一节 人力资源管理创新是经济全球化的必然要求

一、经济全球化的含义及产生的原因

经济全球化是一个历史过程：一方面，世界范围内各国、各地区的经济相互交织、相互影响、相互融合成统一整体，即成"全球统一市场"；另一方面，在世界范围内建立了规范经济行为的全球规则，并以此为基础建立了经济运行的全球机制。在此过程中市场经济一统天下，生产要素在全球范围内自由流动和优化配置。因此，经济全球化就是指生产要素跨越国界在全球范围内自由流动，各国、各地区相互融合成整体的历史过程。

经济全球化的产生可以追溯到西欧资本主义的兴起和近代市场经济的建立,经济全球化进程显著加快被人们所感知并为之震撼,则是第二次世界大战以后的事情。尤其是20世纪的最后20年,在技术进步的推动下,全球化的浪潮更是汹涌澎湃。经济全球化的产生原因大致有以下几个方面:①世界各国经济体制的趋同为经济全球化发展扫清了体制上的障碍。如今,已经有越来越多的国家认识到,只有选择市场经济体制,才能加快本国经济发展的速度、提高本国经济的运转效率和国际竞争力。封闭经济由于缺少外部资源、信息与竞争,而呈现出经济发展的静止状态;计划经济体制则由于存在信息不完全、不充分、不对称和激励不足等问题,影响资源配置与使用的效率。所以,不管是传统的封闭经济,还是计划经济,都不约而同地走上了向市场经济转型的道路。由此而造成的各国在经济体制上的趋同,消除了商品、生产要素、资本以及技术在国家与国家之间进行流动的体制障碍,促成了经济全球的发展。②科学技术的进步,尤其是信息技术的进步为经济全球化的发展创造了物质基础。目前的经济全球化有着重要的物质技术基础,这就是代表当代最新科技的信息技术。对于一个现代企业来说,其经济的活跃程度,表现为企业的经济活动半径,是与其所控制的成本呈负相关关系的。远距离控制成本主要是信息成本,由于多媒体技术的发展与因特网的诞生,使这种成本大大降低。③微观经济主体的趋利动机,是推动经济全球化发展的基本动因。④世界范围内商法体系的起因为经济全球化的发展提供了相对统一的法律制度环境。

二、经济全球化的特征

经济全球化具有以下特征。

(一)贸易自由化

国际贸易障碍逐步消除,贸易自由化程度提高,国际贸易量迅速增长。

国际贸易手段、商品标准以及合同样式逐步统一和规范。WTO 多边贸易体制框架使得世界贸易进一步规范化。

(二) 生产全球化

跨国公司日益成为世界经济活动的主宰力量，其高品质生产环节分布于不同国家，并因此使相关各国间的经济联框度得到提高。

(三) 资本流动国际化

跨国公司的发展、各国对外资管制的放松以及由投资基金和养老保险基金高速成长导致的国际游资的形成，使得资本流动性进一步加大。

(四) 金融活动全球化

20 世纪 70 年代以来，以美国为首，各国相继放松金融管制，推进金融自由化，放松了外资金融机构进入和退出本国金融市场的限制，拆除了不同业务的隔墙，加快了金融业的整合。自由宽松的法律与政策环境，加上计算机、通信和网络技术的广泛应用促进了金融市场的全球化，形成了时间上相互接续、价格上相互联动的统一国际金融大市场。

(五) 市场经济体制全球化

当今世界除个别国家外，都在为建立和完善市场经济体制努力，这为经济全球化提供了统一的经济体制基础。

(六) 各国商法体系的国际化

如前所述，经济全球化的产生得益于两大法系的趋同发展。与此同时，经济全球化的发展反过来又促进了世界各国商法体系的国际化。

三、经济全球化的利益分析

面对经济全球化，企业既要很好地把握它带来的机遇，又要规避它带来的风险。经济全球化带来的有利因素包括：①可以充分利用外资。大量外资的进入，有助于解决发展中国家在经济建设过程中遇到的资本严重不足问题，因此能够促进经济增长。②资本的进入带来了实用技术、管理经验和企业创新精神。③经济全球化有利于我国企业建立现代企业制度。④外资进入有助于解决发展中国剩余劳动力就业问题。⑤经济全球化促进了发展中国家的金融市场的完善。⑥经济全球化有利于非市场经济国家的经济转型。资本进入带来了市场经济的博弈规则和惯例，大大缩短了发展中国家从二元经济向现代化经济转型的时间，能够加快现代经济制度的形成。实践证明，一个国家越开放，其经济转型的进度越快。

当然，经济全球化也带来了一些弊端：①大量外资的进入容易造成债务负担，可能引发国际债务危机。②外资进入对民族资本和民族工业冲击较大。由于跨国资本"无国籍"和无民族认同感，它不可能完全取代民族资本的功能。因此，外资的过度进入有可能击垮发展中国家的民族工业，因而可能损害经济的长远发展。③经济全球化与发展中国家生态环境和可持续发展的矛盾日益尖锐。劳动密集型产业大多属于夕阳产业，发达国家跨国公司在全球范围内配置生产要素资源的同时，把夕阳产业带进了发展中国家，给发展中国家的生态环境造成了严重的破坏。④跨国资本的进入增大了金融市场的投机性和风险度，容易给短期投机资本冲击较虚弱的发展中国家国内市场造成可乘之机。⑤经济全球化背景下的发展中国家经济转型充满了动荡和起伏。经济全球化使得世界范围内各国之间经济紧密联系在一起，发展中国家国内经济稳定与否，不仅取决于国内因素，还要受到国际因素的巨大影响。因此，发展中国家在经济转型过程中充满了变数。⑥经济全球化加速了发展中国家和发达国家之间经济发展的不平衡。这种不平衡主要表现在发达国家与发展中国家之间的贫富差距继续扩大。⑦经济全球化在一定程度上损害了发展中国家的经济主权。跨国公司大量的对外直接投资已经以多种形式影响着包括发达国家在内的各个国家的经济主权。

四、经济全球化对人力资源管理的影响

经济全球化对企业生产经营产生了很大影响,其对企业人力资源管理的影响也越来越突出。全球化在人力资源管理方面的影响主要表现为以下几点。

(一) 人才的跨国流动

人力资源管理复杂化,人力资源管理将更多地受到不同的政治体制、法体规范和风俗习惯的冲击。劳动力全球化惊人的规模与速度,是人类历史上所没有的。我国的劳动力市场还很不规范,如何对不同民族、不同文化背景、不同语言的员工进行聘用考核、培训、协调文化习惯等仍是企业面临的难题。

(二) 人才的跨国争夺异常激烈和残酷,挑战我国的人力资源管理体制

世界各国,特别是发达国家凭借其经济和科技优势大量网罗人才。经济全球化竞争对我国冲击最大的不是市场,不是产品,而是对体制的冲击,对人的冲击。大量外资企业凭借其在产品和服务的竞争优势,以高薪吸引更多年轻的高素质人才从国企流向外企,在一定程度上导致中国劳动力市场从事高技术和高级管理的脑力劳动者流失。

(三) 高端人才的全球化配置挑战人力资源管理水平

为了发展经济,许多国家特别是最发达国家通过制定和修改移民法,在全球范围内吸引各国特别是发展中国家的优秀人才,尤其把吸引人才的重心转移到高层次人才和高新技术领域的人才。怎样吸引高端人才、留住高端人才是我国人力资源管理的又一难题。

(四) 经济全球化决定了组织文化多元化,带来了组织多元文化的融合和冲突

我国的各级组织管理中对文化的作用及如何建设组织文化缺乏足够的

认识。管理追求的最高境界是文化管理，人力资源管理过程是组织文化的建立和推广过程。如何把组织的文化和精神深入来自不同国家的每个员工的心中是人力资源管理的又一大难题。

（五）挑战员工培训

当今时代是信息时代。据估计，近十年来，工作和劳动力已经发生了极大的变化。首先，工作性质本身发生巨大的变化，由单纯生产型向生产服务型持续而长久的转变；其次，就工作和工具而言，大量高新科研技术的运用取代了体力劳动型的脑力劳动；最后，随着国际往来的增多，企业需要员工具备的技能越来越多。跨国公司在不同国家运行，再著名的跨国公司，面对全球化的经管，也无法使用单一的管理模式，必须实现管理制度、管理人才和员工的本地化。而对于来自不同文化背景、不同社会制度的员工，如何进行有效培训十分棘手。

（六）人力资源管理趋向全球化和国际化，要求有一大批具有高现代信息技术的人从事人力资源管理

由于电子通信技术、计算机、互联网等互动技术的迅猛发展和广泛运用，为人力资源全球化和国际化提供了条件。在经济全球化的过程中，国际互联网对人力资源管理体系的影响是巨大的，对传统的人力资源管理体系提出全新的挑战。具体体现在：①组织架构设计。电子商务的发展，使得人力资源管理需要面对一些全新的工作部门及职位，同时由于信息沟通及处理快捷，管理的中间层次必然减少，因而矩阵式、扁平式组织架构将成为一种趋势。②网络电子招聘系统。网上电子招聘虚拟了人力资源招聘的许多实际环节，大大提高了工作效率。③在线培训。远程教育技术的发展，不仅使得人力资源培训成本大大降低，还使员工的学习成了一个实时、全时的过程。④在线的薪酬福利政策，使得人力资源薪酬体系更加透明化，体现了市场原则、公平原则，也对人力资源薪酬设计和团队文化建设提出了更高的要求。⑤与员工沟通人性化。网络信息容量大，发布形式可以多样化，使得人力资源管理中的人际沟通更为直接、广泛并极具人性化。人力资源管理部门要善于运用广泛的网络，创造共享、合作的企业文化，促进员工的沟通，建立合作与共享的未来人力资源管理工作新模式。

第二节　经营环境的变化促使人力资源管理的创新

随着经济社会的快速发展，尤其是加入 WTO 以后，我国企业环境发生了重大的改变，对人力资源管理提出了许多新的要求。我国企业环境的变化主要表现在以下四个方面。

一、国内外市场逐步统一

改革开放以来，我国市场已经实现了一定程度的开放，而在一些特定产业、特定市场区域和总体关税等方面还只是局部的、有选择的、保护性的开放。现在，我国作为世界贸易组织成员，必须从享受和履行相应的权利和义务出发，尽快有序地开放国内市场。按照中国与美国达成的有关中国入世协议内容，我国全方位多层次对外开放主要包括以下内容。

（一）进一步降低进口关税税率

关税是主权国家根据其政治、经济需要，由设置在边境、沿海口岸关境内的水、陆、空国际交往通道的海关机关依据国家规定，对进出国境（或关境）的货物和物品征收的一种税。简言之，关税就是一国凭借主权，对进出口国境的货物和物品征收的一种税，由海关征收。为适应我国经济发展不同时期、不同阶段的政策目标，关税也处于不断调整和完善的过程中。加入 WTO 以后，我国关税税率大幅度下调，同时，也对关税制度进行了一系列改革。

（二）逐步取消非关税壁垒措施

非关税壁垒是指除关税以外的一切限制进口的措施，可分为两类：一类是直接的非关税壁垒措施，指进口国直接对进口商品的数量和金额加以限制，或迫使出口国直接限制商品出口，如进口配额制、"自动"出口限制等；另一类是间接的非关税壁垒措施，指进口国对进口商品制定严格的条件和标准，间接地限制商品进口，如进口押金制、苛刻的技术标准和卫生检疫规定等。世界贸易组织力图通过谈判使其得到限制、削减。根据加入WTO的协定，我国要逐步取消非关税壁垒，全方位对外开放市场。如对国外产品进入中国市场的配额限制等。但是，加入世贸组织后，一些国家的贸易保护主义重新抬头，纷纷对我国采用各种非关税手段，如技术指标、环保指标、质量标准、检验检疫、通关程序等，对我国的出口商品设置障碍，加以限制。入世后我国遇到的非关税壁垒主要有两种，一种是绿色壁垒，一种是技术壁垒。绿色壁垒就是一国产品出口到他国需要跨越的环保门槛。技术壁垒是一国商品出口到他国需要跨越的技术指标要求。

从某种意义上讲，有些国家对我国设置种种壁垒，作为对等措施，我国也可以根据国情来制定相应的产品质量标准。当设置壁垒方受到同样的损失时，就会迫使它调整原先的措施，清除贸易壁垒，从而实现双方贸易关系的正常化。

（三）开放金融、电信、商业零售、影音产品、旅游及专业服务等过去重点保护的国内市场

此举意味着中国将不再有受到政府特定保护的产业，所有中国企业都将面临在境内按照同一规则与外资企业展开平等的市场竞争。

二、中国企业积极参与国际市场竞争

经济全球化的趋势，加快了中国企业进入国际市场、参与国际竞争的

进程。中国的对外投资、承包工程、劳务合作等对外经济合作业务已遍及全世界近200个国家和地区，基本形成了"亚洲为主，发展非洲，拓展欧美、拉美和南太"的多元化市场格局。对外经济合作领域主要以工业制造、建筑、石油化工、资源开发、交通运输、水利电力、电子通信、商业服务、农业等行业为主，并广泛涉及其他诸多领域，如环境保护、航空航天、核能和平利用以及医疗卫生、旅游餐饮、咨询服务等。对外投资的快速增长、投资规模和领域迅速扩大，使我国企业参与国际竞争的能力有了显著提高。但我们也应该看到，与具有上百年历史的西方跨国公司相比，我国企业实现全球性战略规划和资源配置的能力差距还很大，不断提升跨国经营及其国际竞争力还有一段很长的路要走。

三、企业内部环境的改变

随着国际国内大环境的改变，企业内部环境也发生了重要变化，主要有：

员工的转变——新时代的员工价值观不同，有所谓的"Y时代"或"Z时代"的特征，流动性高、强调个人价值；

组织结构的改变——由传统的功能型垂直式组织结构，转变为更强调团队合作的扁平结构；

管理模式的改变——由从上而下的集中式规划和控制为主，改变为强调授权、责任、绩效为主；

工作设计的改变——从分工清楚、专项负责的工作，改变为比较复杂的、多样化的工作；

员工培训模式的改变——从过去的"训练"模式，改变为"学习""教育"的模式，强调个人学习能力和责任心，也更注重员工的行为、价值观的教育，绩效评估的改变——从目标管理为主，改变为更强调效果的管理，个人工作能力、工作态度等也纳入绩效评估范围；

薪酬体系的改变——从固定薪金，以职位、年龄为主要考虑因素，改变为以绩效奖金为主，强调企业的绩效成果和个人的绩效贡献；

升迁的改变——从过去强调绩效结果，改变成强调其能力和工作、个性和工作的匹配性，以及升迁后能否胜任；

中层管理角色的改变——从"督导"的角色改变成"辅导"的角色；

高层管理角色的改变——从"领导"的角色改变成"规划"的角色。

第七章　大数据时代人力资源管理机遇、挑战与变革

第一节　传统人力资源管理的现状及问题分析

人力资源管理发展至今，主要经历了人事管理、人力资源管理到战略人力资源管理三个阶段。自20世纪90年代以来，战略人力资源管理获得了长足发展，其将人力资源管理职能与组织的战略性目标结合起来，强调人力资源管理在达成经营目标中要扮演好战略性角色。在战略人力资源管理阶段，人力资源管理部门应真正成为业务部门的战略合作伙伴。人力资源管理的各个职能相互融合，为业务部门提供指导、支持与帮助，最终服务于企业总体目标的实现。目前，我国大多数企业的人力资源管理还处在第一或第二阶段，即以"事"为中心，将人视为一种成本，强调对人的控制与管理，无法把员工需求与企业发展相结合，更无法实现人力资源开发的战略价值。具体表现在以下几个方面。

一、过分依赖表单和文件

在传统的人力资源管理中，各项人力资源管理职能的履行主要依赖各

式表格和文件。表单管理看似规范有序，实则烦琐僵化。例如，绩效管理作为人力资源管理中最具价值的部分，在传统的表单管理模式下，主要表现为要求员工填写各式各样的考核表。这一方面增加了员工的工作负担；另一方面，当有部门或人员没有提交考核表时，人力资源人员需要不断催促和通知，在无形中造成了人力资源管理部门和业务人员之间的隐性冲突。另外，绩效考核指标往往是由业务部门的管理者进行设定，其评价内容、评价权重、评价者的设定很少有人力资源人员的参与。人力资源人员只是负责制表、回收和分数汇总，不能从专业角度给出意见和建议，因而无法体现出人力资源管理的价值。

二、数据多为定性且浪费严重

除了绩效考核与薪酬模块，传统人力资源管理系统收集的数据多为定性数据，定量数据所占比重很小。究其原因，传统人力资源管理以经验模式为主，依赖的是管理者个人的经验和直觉。另外，传统的人力资源管理对信息的利用非常有限，大量的有效信息资源被闲置浪费。如招聘、绩效、薪酬模块的信息并不同时存在于一张表单上，人力资源管理者据此很难全面追踪一名员工的人力资源使用与开发状况。

三、提取有效信息困难

在典型的传统人力资源管理系统下，人力资源管理者经常陷入大量不同的申请表格和毫无联系的报表当中，难以在短时间内识别有效数据，更无法对数据进行整合以评估人力资源管理的价值。另外，对于公司高层管理者来说，从规模庞大、数据完整但"事无巨细"的系统中直接获取对他们进行宏观决策时所需的数据是很困难的，人力资源管理者也很难向高层清楚地表达他们所创造的价值。

四、结果应用不尽如人意

传统人力资源管理的主要工作是数据的录入、存储、查询和统计等，很少有涉及支持企业战略决策的功能。而人力资源管理软件主要应用于一般的作业管理，如工资计算、人员信息记录等，对于数据的分析，如员工考核数据、工资结构数据等应用不尽如人意。所以，企业很难通过人力资源管理系统了解企业整体绩效状况、修正企业考核制度、提出成本控制方案等。

第二节　基于商业智能的人力资源管理

目前，商业智能工具无论是在企业经营分析，还是在财务分析等方面，都已经取得了不俗的成绩，在人力资源管理领域，商业智能的有效应用刚刚拉开序幕。基于商业智能的人力资源管理（HR-BI）正是充分利用商业智能强大的数据处理和分析能力来实现人力资源管理的量化评估并为决策提供支持。

HR-BI 使用人力资源系统提供的历史数据，能够为企业提供接入、报告和分析信息的工具，在改进企业分析能力的同时降低信息技术成本。通过 HR-BI 可以有效解决影响人力资源管理效能的三个关键问题：①实现人力资源战略规划与决策的量化管理，将使得人力资源管理体系及时支撑于企业战略发展；②支持集团型企业总部对各下属分支机构的人力资源管理活动进行及时的指导与监控，确保总部制定的人力资源规划能够逐级有效落实；③支持人力资源管理能力的持续提升。通过商业智能的实施应用，可以为企业的集团化管控与人力资源规划实行精细化管理提供有效支持，人力资源管理者通过系统进行实时的 HR 管理过程监控，实现整个企业的人力资源管理能力持续提升。

尽管如此，目前商业智能在人力资源管理中的应用也并不广泛，很多企业甚至一些管理软件的供应商企业，对 HR-BI 系统也没有真正物尽其用，使其真正发挥决策支持的作用。在人力资源管理向战略人力资源管理转变的过程中，基于商业智能的人力资源管理还面临着一系列问题。

一、企业内部沟通不足

目前，大多数企业的组织结构依然是按职能划分、等级明确、制度规范的金字塔形结构，这种结构有利于统一指挥，但不利于跨部门沟通。由于缺少不同部门之间相互沟通、协作的制度设计，商业智能系统的实际业务需求难以评估，也难以判断需要商业智能系统挖掘的数据和关键点。

二、基础数据质量堪忧

商业智能工具主要依靠对大量数据的挖掘，从而得到数据间隐含的关系和趋势，其前提条件是企业已积累大量基础数据，并且这些基础数据具有较强的准确性与可靠性。目前很多企业，尤其是中小型企业，其前期的历史数据累积不够，或者即便积累足够量的历史数据，但其数据的可靠性值得怀疑，严重影响了商业智能工具的使用效果。

三、企业信息系统落后

即使在那些已经将 BI 技术应用于人力资源管理系统的企业中，也经常因为信息系统的滞后积压了大量报告，商业智能的决策流程常常变得缓慢和低效。另外，目前人力资源管理部门所掌握和分析的信息仅限于企业内部的人力资源静态信息，如员工台账、人员档案、考评数据等，不仅信息量极小，而且信息的参考价值也十分有限。以目前的人力资源信息系统发展水平，即使结合商业智能工具的数据处理和分析能力，要预测企业未来人力资源的走势，预判员工的成长曲线、离职倾向等，也是一件十分困难的事情。

第三节 基于大数据的人力资源管理

在大数据时代，人力资源管理部门的工作方式逐渐从经验管理和表单模式演变成为依赖大量结构化和非结构化的数据进行分析和预测，即用数据、事实、科学手段以及准确的评价性研究或案例研究，为人力资源管理相关的建议、决策、实践及结论提供支持。

在大数据技术快速发展的背景下，不仅数据的体量变大了，而且数据变得更加开放和易于获取，这就为基于大数据的人力资源管理决策提供了可能，而企业人力资源管理的各个职能都将面临新的发展机遇与挑战。

一、基于大数据的人员招聘与选拔

目前企业的网络招聘主要借助企业官网及传统招聘网站发布信息。与传统的招聘会相比，网络招聘既拓宽了招聘范围，也提高了招聘效率。但是，它也存在很多问题，如简历的真实性，缺乏诚意的应聘者（即投递的方便性使应聘者在投递简历时不负责任）等，这些都大大增加了人力资源管理者筛选应聘者简历的工作量和难度。另外，在人员选拔阶段也存在问题，普通的测评手段难以识别应聘者的伪装行为,而评价中心技术虽然准确但成本太高。

在大数据背景下,一些传统招聘网站已结合大数据技术的特征研发出一系列利用社交网络为雇主提供招聘服务的产品。例如,专注大数据分析的人力资源公司"数联寻英"和雇主品牌咨询及招聘服务商 HiAll 联手推出基于大数据的精准员工推荐模式及解决方案——人才雷达(Talent Radar)。人才雷达是一个基于云端、利用大数据定向分析和挖掘、帮助企业寻找适合人才的员工推荐平台。它的主要模式是:员工登录系统并关联其社交网络,在 HR 发布招聘信息之后,员工可以进行内部推荐;然后,人才雷达会通过大数据社交网络和简历数据库数据挖掘和分析,提出一套同时面向求职者和招聘官的双向扩展匹配算法,找出同公司员工有关联的潜在求职者;再后可借助对应员工内推,或直接联系潜在应聘者这两种方式,帮助企业找到匹配人选。这种基于企业定制化的招聘需求,通过对社会化媒体及简历数据库中用户关系和文本描述数据的定向挖掘,帮助人力资源管理人员通过社交招聘这一全新模式成功实现精准化、智能化、个性化的员工推荐和筛选,让招聘工作变得更为简单、高效和有趣。

二、基于大数据的培训开发

网络时代的培训突破了传统培训在时间和空间的限制,企业可以将培训内容发布到网站上,无论是在本地还是异地,员工都可以根据自己的需要,在合适的时间、方便的地点自主学习。员工之间还可以线上交流和探讨,并与培训师线上互动。

大数据还使得人力资源管理者在培训的各个阶段都能够做到精确预测和评估。相对于传统的培训方式,大数据时代强调利用广泛的社交媒体开发以"短、平、快"或"小、精、专"为特点的"微培训"模式更加便捷、实时、高效的培训渠道，例如，将QQ、微博、微信等应用于组织培训与学习，形成全新的培训模式，或者利用MOOC（大规模开放式在线课程，也称"慕课"）等在线培训平台让员工自主学习，有针对性地提升自身素质，进一步提升培训效率。

三、基于大数据的绩效管理

随着企业信息管理水平的提高，很多大型企业，尤其是集团企业已经开始运用绩效管理系统软件，即从绩效计划到绩效结果的应用都在绩效考核系统中规范有序进行，在整个考评过程中人力资源管理人员都可以监控、审核与提供帮助。这在一定程度上减少了人力资源管理人员的工作量，有利于建立规范化、标准化的绩效管理体系。

在大数据时代，先进的数据分析和处理技术使得企业能够搜集到员工或部门工作的所有工作痕迹，不仅可以从丰富、多样化的信息中找到其中的潜在关联性来预测员工的绩效表现，还可以关注员工的所有工作行为，从而更为全面地评价员工、部门以及组织绩效。

四、基于大数据的薪酬管理

企业的薪酬设计往往是影响员工工作满意度的重要因素。合理的薪酬水平既要保证在同行业具有竞争性，又要保证在企业内部具有公平性和激励性，但这三者很难兼顾。

大数据背景下，以薪酬业务为主体的人力资源外包服务为企业提供了薪酬管理的便捷通道，如使用薪酬云平台了解行业薪酬现状。除此之外，还可以通过大数据提供的多样化渠道获取海量的薪酬相关数据。

五、基于大数据的员工关系管理

随着互联网的普及，员工和企业的沟通越发便捷和广泛，企业可以利用多种形式和员工进行沟通交流。

大数据能够实现管理者与员工的互动性沟通，通过QQ、微信、微博等社交媒体与员工建立起好友关系，了解彼此工作之外的另一面。通过主动获取社交网站的海量数据，管理者可以了解员工的心理动向，并进行预测分析。

第四节 大数据背景下的企业组织变革

企业要实现大数据时代下的人力资源管理创新，关键在于掌握数据的全面性、准确性、权威性、动态性，并通过数据挖掘、治理等技术，让这些数据服务于人才培养和开发，最终帮助企业实现战略目标。

大数据已经逐渐成为企业创新的重要资源。大数据不仅扩展了企业创新活动的范围、降低了研发成本，还成为企业研发成功的关键要素。企业要充分利用大数据技术，挖掘大数据对组织创新的潜在贡献，如苹果、谷歌和海尔等企业，已经建立起了基本的大数据分析应用能力，并利用大数据取得了产品和服务的研发成功，初步形成了基于大数据的企业组织创新模式。

人力资源作为组织中最重要的无形资源，其战略意义越发凸显。战略人力资源管理要求人力资源系统与组织战略执行系统保持内外部一致性。大数据背景下组织需要适应新的环境，新的环境要求组织必须实施变革，而组织变革又对人力资源系统提出了新要求。

一、转变人力资源管理思维

《大数据时代》一书的作者维克托·迈尔指出，大数据颠覆了千百年来人类的思维惯例，对人类的认知和与世界交流的方式提出了全新的挑战。据此，人力资源管理的思维也要发生相应变化，具体包括以下几个方面。

1. 应具备大数据思维。人力资源管理者不仅需要战略上具备对人才需求变动的洞察力和前瞻性，在日常管理中也要具备敏感性、专注力和创新思维能力；同时，还要注重向员工灌输，形成全方位立体式的大数据思维。

2. 必须将人力资源大数据视为组织中的重要生产要素。人力资源管理部门需要接触处理的信息量逐渐变大，数据种类也日益多样化，如员工基本信息、实际工作绩效情况、受训情况、人工成本、人力资本投资回报率、员工满意度、流失率等，这些数据为组织决策以及持续竞争优势的获取提供强劲的人力资源保障。

3. 人力资源决策从"经验+感觉"模式向"事实+数据"的模式转型。大数据背景下，科学决策需要以人力资源管理系统不断汇集、整理、分析和挖掘各项人事业务及信息，开发和利用这些大数据信息的价值，制订与公司战略一致的人力资源战略和规划为基础。管理者必须树立全新的管理思维，实现人力资源管理和大数据技术的有效结合。

二、真正实行战略人力资源管理

战略人力资源管理要求人力资源管理部门帮助企业高层管理者设计战略规划，制定支持组织整体战略规划的部门职能战略，提供实现战略的人才支撑。大数据时代到来，组织的外部环境不断变化，竞争使产业融合加剧，新的业态快速出现，企业的战略制定周期越来越短，组织的战略目标处于不断变化和调整之中。人力资源管理作为企业内外部环境的有效连接者，必须树立战略人力资源管理的理念，利用大数据资源和大数据技术洞悉企业面临的风险和挑战，在未来环境和组织目标可能发生变化的前提下进行预测分析，以确保企业长期、中期和短期战略实施的人力资源需求。

三、改变人力资源管理的内容和体系

人力资源管理的内容更加精细化和高效化，这体现在人力资源管理的各项职能领域。如利用大数据发现与选拔人才，可以尽可能做到全息搜索，应聘者的各类信息无论是个人视频照片、工作信息、生活状况、社会关系、能力情况都可能被人力资源管理部门所了解掌握，从而形成关于应聘者的综合立体信息，实现精准的人岗匹配；或可利用人才素质模型雷达图等大数据信息和技术，从一些大型的人力资源数据库中找到隐藏其中的信息，帮助决策人员找到数据间的潜在联系，从而有效地进行人才测评。

第五节　招聘管理创新

招聘是人力资源管理最为常见的职能活动。人才获取困难、人才流失严重，是目前很多企业都面临的用人难题。大数据对我国企业人力资源管理活动的影响也主要体现在人员招聘方面。

一、利用大数据提高企业的网络招聘效率

目前国内的招聘网站，都设置了基本的大数据处理功能，即根据应聘者输入的信息对应聘者在目标职位中的竞争力进行分析。另外，企业可以

利用大数据分析调整招聘策略，增加企业对应聘者的吸引力。例如，大数据发现用户更习惯发现并点击屏幕右侧的招聘信息；在手动切换广告中，用户点击第二张图的概率更大等，这些分析结果能够避免招聘企业撒网似的信息发布行为，节约招聘成本，提高招聘效率。

二、利用社交媒体招聘

QQ、微信、微博等社交媒体，特别是新浪微博这个具有媒介属性的社会化媒体，每时每秒都在产生亿级的文本话语，且它每天产生的这些数据可以在一定规则开放性下通过应用程序接口（APD）和爬虫技术采集。在新浪微博上，企业通过专门的招聘账号，既可以利用微博的传播机制迅速实现招聘信息的传播，又可以通过发布多种多样的微博内容来达到吸引求职者和建立雇主品牌的目的。此外，职业社交网站正成为新兴的招聘形式，与传统招聘网站不同，这些职业社交网站强调个性化服务，企业和求职者可分别展现职位亮点和技能亮点，而且职业社交网站更加注重社交的功能，强调"人际圈"的重要作用，依靠大数据，职业社交网站可实现更智能、更精准地为企业匹配人才。

三、将移动设备接入招聘

移动互联网的飞速发展正在改变着人们的工作、学习、生活以及社交方式，尤其是5G技术的到来，将进一步加强这一趋势。移动互联网改变了企业与潜在应聘者的互动方式，智能手机等移动设备成为企业招聘中的重要工具之一。例如，目前有很多移动端的应用程序实现了基于真实地理位置的即时招聘，使企业和求职者能通过其即时聊天功能，随时发送名片、语音、位置以及招聘需求，提高招聘的效率。

四、利用大数据完善传统的测评工具

在大数据背景下，测评问卷的内容得以完善，除了传统的心理测试、能力测试等直接测试题目外，一些间接甚至表面上不相关的题目也可以体现出求职者的隐性素质。例如，在风险预测方面，员工的流动倾向也可以根据大数据分析得出结论，经常换工作的人并没有比普通人更快地升职等。

五、利用大数据分析候选人性格与工作的匹配度

人格测试现在已经广泛应用到企业招聘、心理学测验、内部人才盘点及职业规划、职业测试等众多领域。人格测试中应用大数据能够消除某种性格被人为赋予的秉性，也可避免题目本身的显性特点影响求职者的选择趋向。在大数据背景下，企业应综合利用各种测试工具对应聘者是否匹配工作进行全面考察，以提高企业人力资源管理工作的有效性。

第六节 数据众筹模式下的胜任力模型构建

相对于传统的基于智商的人才选拔理论，胜任素质模型理论突出体现以下几个方面的特色。第一，绩效导向。胜任素质模型判断要素有效性最重要的标准就是能够将绩效表现优秀的员工，与其他员工区分开来，这是麦克利兰胜任素质理论最核心的内容。第二，强调数据验证。胜任素质模型强调用定量验证的方法对模型要素的有效性进行检验，通过对每个要素在优秀员工识别上的有效性验证模型要素的取舍选择。第三，BEI（Behavior Event Interview，行为事件访谈）法开发胜任素质模型。冰山模型作为胜任素质理论最经典的形象化阐述，对底层特质应给予高度重视。由于底层特

质是难以观察的,只能通过行为差异进行预测。

一、胜任素质模型开发在人力资源实践中遭遇的问题

在实践中,胜任素质模型的开发和使用遇到了很多困难和障碍,且开发出来却弃之不用的情况也极其普遍。究其原因不外乎以下几点。第一,绩效标准数据缺失。胜任素质模型以绩效表现作为判断模型要素有效性的主要标准。而在实践中,很多企业缺少有效的绩效评价体系,尤其是那些绩效量化程度较低的岗位,很难进行有效的绩效评价,导致胜任素质模型的开发也存在较大难度。第二,数据样本量和规模不够。当前胜任素质模型的开发与评价主要以某个企业中的员工为样本,样本规模和有效性受制于某个特定的企业,胜任素质模型的推广受到较大挑战。第三,建设成本较高。作为胜任素质模型开发的典型方法,行为事件访谈法耗时耗力,尤其当样本采集需要跨地域进行时,人力物力消耗巨大,所以很多企业只能更多地借助专家经验来判断数据的有效性。第四,对模型开发者个人的依赖性较高。采用行为事件访谈法,对访谈者的个人素质要求较高,访谈者的个人专业水平、经验、沟通能力等都会对模型的有效性产生很大影响。第五,模型难以有效应用。用BEI开发胜任素质模型,开发过程与评价过程脱节,导致开发后的模型使用率不高。胜任素质模型大多由管理咨询顾问或企业HR完成,模型建成以后,企业在应用方面经常缺乏有效的落地工具,应用程度更多取决于使用者个人的理解和偏好。

二、基于互联网与数据众筹模式探索胜任素质模型的开发与构建

众筹,通常被理解为大众筹资或群众筹资,一般由发起人、跟投人、平台构成。众筹具有低门槛、多样性、依靠大众力量、注重创意的特征。

众筹概念早期主要应用于资本领域，目前正在向创作、新闻、管理等领域拓展。"数据众筹"借鉴了众筹的概念，但在应用领域及实现方式上与众筹有根本性差别，是伴随着互联网、云计算和大数据的发展而产生的一种全新的数据价值挖掘模式。它通常是以信息技术平台为基础，以多用户多终端协同数据参与共享为核心，以数据常模及挖掘结果即时分享和动态反馈为特点，能够进行用户化、网络化、信息化、动态化的数据价值挖掘与分享。以"数据众筹"模式开发人员胜任素质模型主要体现以下几个方面。

1.用户参与。"用户"的概念是互联网的一个重要特点，互联网思维很大程度上就是"用户"思维。获取用户的关键在于要尽可能频繁地与之发生联系和交互。用户参与是指在胜任素质模型开发过程中，过去的BEI"访谈对象"将转变为参与模型开发的"用户"。这意味着不同企业、不同岗位的员工均可以在互联网上注册，发表自己的观点和看法，同时参与结果数据共享，即参与模型开发的"用户"不仅仅是数据的"贡献者"，同时也是相互的"分享者"。

2.数据平台化。这是用户参与的技术保障，也是企业数据集成的表现形式。用户参与意味着员工能够接触实际绩效数据。目前通过互联网信息技术，可搭建起一个可以随时随地参与的数据分享平台，素质模型要素的"拥有者"可以通过成为平台用户，实现数据的实时"云"共享。

3.迭代算法。互联网信息技术可以通过算法模型构建，便捷地实现了数据的迭代和快速更新，甚至可以通过对显著性差异临界点参数的设置，实现数据的实时动态优化。这些数据可以实时作为新的数据纳入素质模型要素的有效性验证计算过程中，从而更加快速适应多变环境下的素质模型建设需求。

4.基于动态面板数据的大样本检验。通过"用户"模式，企业基于数据平台可以构建起一个长期的动态面板数据，并且可以通过时间序列数据采集，来突破传统横截面数据在素质模型建设上的局限性。这种样本数据采集方式充分发挥了互联网的优势，相对于过去的基于某个时点及该时点之前历史数据的素质模型，样本的规模更大、代表性更强，增加时间序列数据后，绩效预测也将更加准确，更加利于分析发现传统素质模型开发过程中的伪相关现象。

（5）开发即评价，评价即开发。基于互联网的素质模型开发，数据采集过程、参数验证计算过程可支持相互迭代同步进行。同时，在线的结构化采集过程为在线的结构化评价提供了极其便利的条件，基于互联网云计算的结构化采集过程中的数据，可以通过设置有效性检验的接收条件参数，自动形成在线的结构化评价工具。

从上述可以看出，基于互联网的数据众筹对人才素质模型的开发、评价具有重要的借鉴意义。

第七节　培训管理创新

随着信息技术日新月异的发展，人类传播活动进入微时代，即以短小精悍作为信息化传播特征的时代。如何利用大数据提高员工参训的积极性，使培训形式更加灵活、高效，进而把人力资源转化为员工业绩的改善与提升，是企业人力资源管理者需要考虑的问题。

一、培训需求评估阶段

除了传统的问卷调查与访谈，企业可以通过各种渠道获取大量信息，如微博、论坛等，从员工的行为细节中挖掘其真实的想法，从凌乱的数据中寻找员工真正的需求。同时，企业也可以基于这些社交平台，由培训负责人建立QQ群或微信群，征求员工的培训需求，再由培训师负责汇总这些需求。

二、培训实施阶段

长期以来，企业培训都主要采用统一培训的形式，强调由上至下的收益率，这样的培训方式难以保证培训的最终效果，甚至导致员工的不满和抵触。"微培训"正是基于网络平台，以"短、平、快"的方式，借助新媒体，以学员微讲座、微论坛等形式构建学员自主探究、合作学习的新型培训方式。这一培训模式的特点主要在一个"微"字上，其"小、精、专"的特点适应了微时代信息传播的特征。

与传统的培训方式相比，"微培训"在形式上更为自由、灵活，内容上更加精准。企业可采取如下措施开展"微培训"。首先，企业可以综合运用QQ群、微博、微信朋友圈等平台，汇集相同职位、相同技术的员工，以每位培训对象为核心，构建开放式的环境，向培训对象传播"微知识"和"微技能"。通过学员、群体间的层层传递和放大，形成纵横交错的培训"辐射网"，使员工培训内容相互交叉、多层覆盖，在更短的周期内补足员工"短板"。这种形式不受时间地点的限制，让员工在工作之余"见缝插针"地学习，能有效地解决"工学矛盾"。其次，在培训资源上，企业应力求精准，即培训时间不宜过长，内容相对集中，注重员工对培训内容的转化。企业要鼓励员工自主自发地去加入自己感兴趣的"圈子"，关注感兴趣的话题，主动参与到培训中去。鉴于此，企业可以建立内部培训超市，培训课题、形式多样可选，既包含专业技术、通用素质、企业管理等内容，也涵盖了个人修养、文学兴趣、音乐熏陶等。需要注意的是，企业培训组织者在开展"微培训"时也需要做大量的组织工作，如培训前做好规划和准备、培训中做好过程评估和信息管理、培训后资料整理等。另外，培训组织者还要适时引导，既要营造开放、轻松的学习环境，又要注重对主流文化的宣导和传播，随时把握内部思想向着积极、健康的方向发展。

第七章 大数据时代人力资源管理机遇、挑战与变革

除了借助新媒体开展"微培训"外,企业还可以利用在线教育平台作为辅助培训手段。在线教育平台又称 MOOC(massive open online course),即大型开放式网络课程,最早产生于美国。美国的顶尖大学,如斯坦福大学、哈佛大学、麻省理工学院等,陆续与 MOOC 合作,在线提供免费课程,给更多人提供了系统学习的可能。MOOC 与以往的在线教育不同,它不再是单纯的教学视频,而是需要参与者配合平台作业、检测和讨论。MOOC 包含丰富的资源,教师讲解、学生互动、多媒体资料等各类数据立体呈现,帮助企业在发展数字技术的同时实现员工之间的沟通与合作,甚至帮助员工改善社交生活。企业可借助 MOOC 平台,鼓励员工结合工作需要和自身职业生涯规划,针对性地进行自主学习,并可通过设定课程学分的方式激发员工的主动性和自学能力。

三、培训效果评估阶段

企业可以利用大数据全面收集员工参加培训前后各方面的工作数据,并利用离散分析、回归分析等数学模型来评估培训效果。目前很多企业出于资金或实施难度等方面的考虑,对培训效果的评估只停留在反应层次和学习层次,即只是简单地向受训者发放问卷,或是对受训者进行一次测试。有的企业虽然也进行行为方面的评估,但采用的是随机抽样的方式,以少数员工的结果来推断整体培训效果,这些做法无疑存在着以偏概全的风险。大数据的一个重要的特点就是用全体样本代替随机抽样,分析整个数据,而不是对个别样本进行分析。收集的数据越多,分析的结果越准确。通过大量数据的收集和分析对比,企业可以测定员工在培训后行为是否有所改善、是否能有效运用培训中的知识技能,整个组织是否真正从培训中受益。

第八节 绩效管理创新

绩效管理是企业人力资源管理的核心职能，它包括绩效计划制订、绩效辅导沟通、绩效考核评价、绩效结果应用、绩效目标提升这样一个循环过程，其最终目的是持续提升个人、部门和组织的绩效水平。借助协同管理的"业务关联思想"，大数据可成为提升组织绩效的一个新途径。协同管理就是打破资源（人、财、物、信息、流程等）之间的各种壁垒和边界，对资源进行时间、空间和功能结构的重组，通过最大限度的开发、利用和增值，以达成共同目标。

企业业务虽然被划分为各个业务环节并归属到不同部门或不同人负责，实际上这些业务环节之间有着千丝万缕的联系，他们都服务于企业的共同目标，这就是协同管理的业务关联思想的实质。通过建立协同管理平台，可以整合所有这些业务环节并纳入平台统一管理，任何一个业务环节的运作都可以轻松启动其他关联业务的运作，并对相关信息进行及时更新，实现业务与业务之间的平滑链接。

协同管理平台主要通过协同管理软件加以实现。根据协同软件，所有的业务信息、文件流转、流程审批、知识共享和绩效考核都将在一个统一平台上完成，让企业的人、财、物、信息、流程等资源实现紧密连接和高效协作。而这些关联的数据也都记录在这个平台上，日积月累形成大量管理数据，为组织绩效的分析、挖掘和改进提供了充分依据。

一、基于协同管理平台全面评价员工绩效

目前，KPI（关键绩效指标）是企业绩效考核的主要方法，具有明确的

战略导向。但是在实际操作中，KPI还是被作为一种管理控制的手段，强调其评估和激励的功能。其选取的关键指标大多是量化、易衡量的指标，注重员工本人对个人绩效的控制感；而那些不易量化、不易控制的指标，如创新能力、团队合作意识等被集体忽略，而这些指标往往成为大数据背景下企业获得竞争优势的源泉。单纯追求KPI的绩效主义已经越来越受到业界的质疑和批评，因为它偏离了企业战略导向的功能，彻底沦为测量绩效与控制员工的手段。

协同管理平台可以将员工个人或部门的所有工作痕迹都记录并保存下来，为企业全面评价员工绩效提供可能。基于协同管理平台，企业不应该单纯关注KPI而应该关注员工的所有工作痕迹，从企业经营的方方面面完整评价员工工作绩效。由于协同软件是基于工作流程的，它对角色和任务的分配有详细的记录与存储，所以员工的工作痕迹是有据可查的。基于三维网状模型的协同软件为员工绩效管理提供了强大的信息系统支撑。

二、构建基于协同管理平台的平衡计分卡绩效考评体系

平衡计分卡是当今影响力较大的一种绩效分析方法，是有效落实企业战略的实施工具，旨在通过四个维度（财务、客户、内部流程和学习/成长）对绩效进行全面衡量。

企业构建基于协同管理平台的平衡记分卡系统，一方面，全体员工可以通过协同平台参与到公司战略制定的讨论中去，并可快捷有效地将最终战略传达给员工，而平衡计分卡所有内容都将围绕这一战略而展开；另一方面，可为平衡计分卡的建立与实施提供了一个强大平台。在组织远景与战略确定后，沟通、业务规划和反馈与学习都可以在协同平台上完成。通过多个业务单位、职能部门共享统一平台和服务系统相互之间传递信息与知识，实现财务、客户、内部流程、学习与成长四个维度的相互作用，从

而产生协同效应。同时，这些数据和信息将被完整记载下来，加之与四个维度相关联的财务管理、客户关系管理、项目管理、工作流程管理、知识管理等板块的信息也集成到了这一平台，为基于平衡计分卡的绩效考核提供了较为完整的基础数据系统，也为庞杂的指标体系的处理提供了技术支持。

三、将绩效考核结果作为其他人力资源管理职能执行或评价的依据

协同管理平台可以记录每位员工从入职到离职的所有工作痕迹，由此可以很好地实现企业人力资源管理各项职能之间的有机联系。绩效考核的结果除了用于薪酬福利发放和晋升决策之外，还可作为评价招聘有效性、培训需求分析及有效性评价、员工职业生涯规划等活动的依据。企业可以通过计算一定时期内某员工能为企业所创造的价值与企业为雇佣该员工所需支付的人力成本之比来评价招聘的有效性；可以通过绩效结果及相关记录来测评员工实际绩效与岗位工作标准的差距，进而确定培训需求；培训结束后，也可以通过对比培训前后的绩效表现对培训效果做出评价；企业还可以通过分析员工的绩效表现和所有工作记录，结合员工的兴趣爱好、能力特长，为员工职业生涯提供科学的指导和建议等。

第九节　薪酬管理创新

大数据背景下中国人力资源外包迎来了长足发展，而基于云计算技术的人力资源服务已成为人力资源行业的发展趋势。在薪酬管理业务流程外包领域也早已通过云平台的使用，为企业管理者和HR部门应对大数据时代

第七章 大数据时代人力资源管理机遇、挑战与变革

薪酬管理方面的挑战提供了新方向。

除了薪酬外包之外，大数据为企业提供了收集薪酬信息和进行薪酬决策的多条路径。如企业可借助云平台实现自助式薪酬管理。

自助式薪酬企业根据员工的需求制定一揽子薪酬支付方式，由员工选择自己中意的薪酬组合方式。自助式整体薪酬体系具有很强的弹性，员工完全可以在企业给定的框架内根据个人的需求进行相应的调整与组合来建立起自己的薪酬系统，同时随着自己的兴趣爱好和需求的变化做出相应变更。这种薪酬制度有两大特色："以员工为中心"和"定制性与多样性"。"以员工为中心"意味着企业将摒弃传统的，"我付钱，你工作"的薪酬思路，切实履行"与财富创造者分享财富"的创新观念；"定制性和多样性"则意味着承认并不存在一套普遍适用于所有人、所有组织的最佳薪酬方案。事实上，对不同的人、不同的组织、不同的发展时期，薪酬方案的设计应该有所不同。

目前实现员工自助式薪酬管理有两条途径：一是借助专业外包公司的薪酬云平台实现自助式薪酬支付；二是企业通过协同办公门户的员工自助模块来实现这一功能。对许多中小企业来讲，由于自身的人力资源管理水平相对薄弱，借助外包公司的薪酬云平台是一条捷径。通过云计算模式提供全面的薪酬管理服务，不再需要购买硬件、安装软件，也无须建立自己的专业支持团队。对于大型企业或集团企业来讲，他们拥有较专业的人力资源管理队伍和强大的信息管理系统，因此，这类企业可以通过自己的员工自助平台帮助员工实施薪酬自我管理，包括员工参与个人薪酬方案的制定，企业通过协同平台对与员工相关的数据进行分析与挖掘，设定一揽子薪酬支付体系的基本框架和原则等。

第十节　员工关系管理创新

员工关系管理主要是指企业和员工的沟通管理，这种沟通更多采用柔性的、激励的、非强制的手段，以协调好雇主与员工、主管与员工以及员工与员工之间的关系。员工关系管理是目前唯一人力资源外包无法企及的领域。大数据条件下企业内部员工关系管理呈现出如下特征。

一、利用社交媒体搭建企业内部沟通平台

目前，很多企业已经将社交媒体纳入企业内部沟通体系。社交媒体可以帮助企业实现内部协作，让员工更加顺畅地进行互动交流，分享体验与创意。这也为加强员工参与、知识分享以及企业文化建设带来好处。

国内很多大型企业都建设了自己的内部社交网络。这些内部社交网络冲破了功能、地域和等级的界限，让员工彼此之间更为靠近，促进了持续的双向沟通，并鼓励了信任和透明度。通过这种方式，员工也在企业持续的创新和决策中扮演着越来越重要的角色。有些企业还允许员工通过发布帖子的方式就企业颁布的政策、措施给予评价和反馈，或者与跨职能或部门的内部专家进行互动交流。这些内部社交网络的运用充分开发了组织内的智力资本和社会资本，对于提升企业凝聚力和员工参与度起到重要的作用。

二、借助管理沟通软件实施企业内部沟通管理

搭建于互联网之上的云沟通软件成为实现企业内部沟通的最佳途径。"管理沟通云"也称为企业即时通信工具,它是一种针对企业办公人员的网络沟通服务平台。使用者可以通过文字、语音、视频等渠道进行即时沟通,也可以通过电子公告、电子考勤等协同办公软件进行沟通。

第八章　现代人力资源管理信息化及其影响研究

第一节　人力资源管理信息化及其目标

社会的信息化为人力资源管理找准了发展方向和目标，加强人力资源管理信息化建设已成为人力资源管理发展的战略重点，积极采取有效措施，使人力资源管理信息化在社会信息化的总格局中保持协调、同步发展，是当前的重要任务。

一、人力资源管理信息化内涵的把握与理解

人力资源管理信息化是指在人力资源管理活动中充分利用现代信息技术、资源和环境，对人力资源信息进行管理、深入开发和广泛利用，实现人力资源管理的科学化、现代化。

人力资源管理信息化是国民经济和社会信息化的一个组成部分，是将人力资源信息和人力资源各项管理过程数字化，通过信息系统加工和计算机网络的传输，实现人力资源的合理配置与有序、有效开发利用，实现人力资源信息的社会共享。我们可以从以下方面把握和理解人力资源管理信息化的

内涵。

1. 人力资源管理信息化是一个具有丰富内涵和崭新意义的概念。简单地说，人力资源管理信息化是电子化的人力资源管理，是利用或引进各种信息手段的人力资源管理活动。人力资源管理信息化是随着互联网、电子商务理论与实践的发展，蕴含了电子商务、互联网、人力资源业务流程优化、全面人力资源管理等核心思想在内的新型人力资源管理模式。这是一个完整的有机体系，主要包括：人、计算机网络硬件、系统平台、数据库平台、通用软件、应用软件、终端设备；各种信息手段和技术的综合利用，如呼叫中心、考勤机等终端设备；核心的人力资源管理业务功能，如招聘、薪酬管理、培训、在线学习、绩效管理等；人力资源管理者和一般员工、经理及总裁等，都与人力资源管理系统的基础平台发生相应权限的互动关系。可见，人力资源管理的发展离不开信息化，信息化又服务于人力资源管理的现代化。

2. 人力资源管理信息化包含三个层面：一是数据的电子化，把人力资源信息以一定的数据库格式录入到计算机里，以数字的形式保存起来，也称为随时查询的"数字化"过程；二是流程的电子化，即把已经规范的一些流程以软件程序的方式固定下来，减少人为控制和自行其是的管理行为，同时也能提升管理效率；三是对管理和决策的支持，通过对电子化的原始人力资源信息数据进行科学的加工处理，运用一定的计算模型，为管理和决策提供支持。

3. 人力资源管理信息化是全新的管理模式。在信息时代，管理模式与现代化信息技术的融合将是发展趋势。随着市场竞争的不断加剧，企业求生存、求发展，增强市场竞争力，必须采用先进科学的现代化管理手段，应用计算机实现全方位的人力资源管理。由此可见，人力资源信息化是一种全新的人力资源管理模式，融合了互联网等信息技术和人力资源管理领域的最新理念。技术和新的思想相辅相成，共同推动人力资源管理系统向前发展。

4. 人力资源管理信息化的实质是信息技术的应用。它是以信息技术为前提，创新管理理念，引入先进的管理思想和经营理念，实现观念创新、体制创新、机制创新、管理创新的过程。

5. 人力资源管理信息化建设是一场革命，是带动人力资源工作创新和升级的突破口。信息化是一个长期的发展过程，它意味着人力资源管理要进行深刻的变革，推动管理全方位的发展和进步。企业要不断采用现代信息，不断提高管理、决策的效率和水平，极大地提高人力资源管理现代化水平，进而提高社会效益和经济效益。

随着信息技术的不断发展，人力资源管理信息化建设迎来了新的机遇与挑战。人力资源管理者要转变管理职能、转变工作方式、转变工作作风，进一步提高工作质量和效率，增强服务能力，建立办事高效、运转协调、行为规范的人力资源管理体系，实施信息化的发展战略。

二、人力资源管理信息化的目标分析

人力资源管理信息化不是简单的技术创新，必须做好总体规划，明确工作目标。人力资源管理者应该站在战略目标的高度，从实际出发，针对信息时代人力资源管理的新特点，遵循其自身的基本规律和特点，制定实施信息化的总体目标，确立发展原则，统一规划、统一标准。

人力资源管理信息化的目标是在管理部门统一规划和组织下，全面应用现代信息技术，切实加强人力资源信息的合理配置和科学管理，实现人力资源管理数字化、标准化、系统化、网络化，满足社会日益增长的对人力资源、人力资源信息的迫切需求，提高人力资源管理水平，增强人力资源开发和利用的主动性，适应社会信息化的要求，实现人力资源管理的跨越式发展。

科学化、数字化、网络化是实现人力资源管理信息化的必由之路,其主要途径有:实现人力资源管理过程的技术信息化,在人力资源管理的各项业务环境,充分运用信息技术;建立自上而下、分层有序的人力资源管理体系,推广应用现代信息技术作为管理手段和工具;构建人力资源信息化的基本框架,建设单位内部的办公业务网;建设以互联网为依托的人力资源公众信息网;建设数字化人力资源信息库;大力推进网络应用水平,建成标准统一、功能完善、安全可靠的人力资源信息网络平台,建成各主要部门业务网络系统,建成基础性、战略性、动态性的人力资源信息库;建成网络与信息安全保障体系,使人力资源管理信息化建设和应用整体水平上一个新的台阶。

人力资源管理信息化的目的是提高人力资源的工作效率、改善服务品质、提升人力资源工作的价值层次。人力资源管理者应该以人力资源管理的业务为主导,推动人力资源信息的数字化和网络化,促进人力资源信息接收、传递、存储和提供利用的一体化,通过内联网、互联网进行内外部信息有效交流,实现人力资源信息高度共享,实现人力资源管理模式的变革。

第二节 人力资源管理信息化的必要性分析

实现人力资源管理信息化是社会信息化的要求,是国家信息化整体建设的要求,也是人力资源管理自身发展的要求。人力资源管理信息化建设,对于人力资源管理事业的新发展具有十分重要的现实意义和深远的历史意义。在信息化时代,信息技术的迅猛发展,人力资源管理信息化的重要性日益突出,人力资源管理信息化面临极好的发展机遇。适应人力资源管理信息化的新形势,跟上国家信息化建设的步伐,加快人力资源管理信息化建设的进程，实现人力资源管理的跨越式发展，是企业重要而紧迫的任务。

一、社会信息化的必要性分析

21世纪是信息经济时代，信息化浪潮席卷全球，西方发达国家正在加速信息化进程。人力资源管理信息化是人力资源管理适应时代和社会发展的必然选择。

（一）信息时代的要求

21世纪，信息技术发展日新月异，信息经济成为世界经济发展的新动力和新增长点，信息产业升级为发达国家的支柱产业，信息化成为国际竞争的战略制高点。社会信息化浪潮冲击着整个世界，每个行业、组织都面临着较大的压力，人力资源管理同样将面临巨大的冲击和挑战。

以计算机技术、通信技术、网络技术以及多媒体技术为基础的网络环境逐渐形成，电子信息大量产生和应用，人力资源信息快速向数字化方向发展，人力资源管理的职能、方式和手段将发生根本性变化。实现人力资源管理信息化，是顺应信息时代潮流的最基本的策略。人力资源管理只有充分利用新的信息技术，适应新的社会环境，顺应时代的要求，积极寻求科学正确的应变之策，完善信息化的管理模式，建立先进的信息系统，深度开发人力资源信息，优化和提高人力资源管理能力，才可能化挑战为机遇，担负起时代赋予的历史使命。

近年来，各企事业单位正在大力推进人力资源信息化管理，力图使人力资源管理与社会发展同步。随着信息技术的发展，加速人力资源管理信息化的进程，全面提升人力资源管理水平，是人力资源管理发展的必由之路。

（二）符合社会信息化发展的方向

社会信息化是社会生产力发展到一定阶段的产物，是一个使社会各方面发生深刻变化的复杂过程。社会信息化的实质在于在整个社会体系中采用现代信息技术，深入开发、广泛利用信息资源，实现信息资源共享，提高工作效率，从而丰富人们精神生活，拓展人们活动空间，加速国家现代化进程，促进人类社会进步。

社会信息化具有极其丰富的内涵，涉及政府信息化、企业信息化、领域信息化、区域信息化、社区信息化、家庭信息化乃至个人信息化等诸多领域。其中，政府信息化是社会信息化的基础。而信息化的核心在于共享信息资源。

为争夺发展先机，世界各国争相实施信息化战略。信息化战略是需要各行各业相互合作、共同努力的一项全国性、长期性和综合性的系统工程，其内容包括信息技术研究、信息基础设施建设、信息产业发展、信息资源开发。

人力资源管理信息化是社会信息化的有机组成部分，丰富了社会信息化的内容。在社会信息化进程中，各行各业都处于数字化信息社会的环境中，人力资源管理也必然向信息化、数字化、网络化迈进。社会信息化使人力资源管理面临一个全新的生存环境与发展空间，人力资源管理只有融入社会信息化的潮流，才能具有活力和勃勃生机。

(三) 信息时代科学技术的发展产物

人力资源管理信息化是应对全球科学技术迅猛发展形势的必然选择。人力资源信息化管理是以信息技术广泛应用为主导，以人力资源信息建设为核心，以信息网络为基础，以信息人才为依托的人力资源管理模式。在信息时代，技术与管理是相辅相成的。技术参与管理，管理融合于技术之中。在这一背景下，无论是人力资源管理理论的研究还是管理实践，都需要信息化及信息技术的运用。在人力资源管理中，信息技术和管理模式的有机结合，使人力资源管理人员能够从繁杂的日常事务性工作中解脱出来，从而在复杂多变的环境中应对自如。

科学技术的发展给人力资源管理带来了新的机遇。人力资源管理者应抓住机遇，努力学习和运用当代先进的科学知识与科技手段，加快人力资源工作融入信息社会的步伐，推动人力资源信息化建设，使人力资源管理事业和整个社会一起实现跨越式发展。

（四）社会对人力资源信息的需求发展

在信息时代，信息是最重要的资源，已成为组织生存和发展的命脉，决定着组织的效益。信息社会的一个重要特征，是社会衍生的信息和社会对信息的需求同时激增，社会信息服务和信息技术业空前发达。人力资源信息与社会活动的关系密切。人力资源信息的管理水平及其提供利用的程度，直接关系组织的效率，关系企业的竞争力。面对人力资源信息激增和社会对人力资源信息需求增加、利用广泛的新情况，要提高管理与服务工作的质量，充分发挥人力资源信息的潜在价值，离不开计算机技术和信息通信技术的运用。实现人力资源管理信息化，只有充分发挥计算机网络系统处理与传输信息速度快、自动化程度高、可控性强、信息资源的共享面广等特点，才能满足信息社会对人力资源信息利用的需求，提高人力资源管理服务水平。

二、企业信息化的必要性分析

大力推进企业信息化建议，需要以人力资源管理信息化为基础。人力资源管理信息化与企业信息化是相互依存同步发展的，加强人力资源管理信息化建设，才能为企业信息化的发展，注入新的活力。

（一）企业信息化重要的组成部分

企业信息化是国民经济与社会信息化的基础和工作重点。人才是企业的支柱和发展的动力，人力资源管理信息化是企业管理信息化的重要组成部分。21世纪社会经济发展主要依靠知识经济。在这种发展趋势中，人力资源管理在企业管理中显得越来越重要，已成为企业管理的核心内容。人力资源管理的最终目标是促进企业目标的实现。当今的企业管理已经开始向信息化的方向发展，人力资源管理作为其中的一个极其重要的构成部分必不可少地要实现向信息化的迈进。

在推进企业信息化进程中，企业管理者必须重视人力资源管理信息化的地位作用，提高对人力资源管理信息化重要性、紧迫性和艰巨性的认识，认识到人力资源管理信息化是实现企业信息化的重要保障，是应对经济全球化的基础。

（二）加快企业整体信息化建设的步伐

人力资源管理与企业发展之间具有极为密切的关系。人力资源管理状况直接影响企业的效益与发展，而企业的运行状态与发展又给人力资源管理与开发提供了基本框架。

人力资源开发与管理的模式是建立在企业基础管理的平台之上的。在企业信息化过程中，财务系统、制造系统、销售系统等部门局域化信息系统已日趋成熟，在企业中发展成为彼此独立的信息系统。目前，我国部分企业人力资源管理信息化的程度还不够高，人力资源信息系统还处于初级阶段，这就要求推进人力资源管理信息化的进程，从而加快企业整体信息化建设的步伐。

（三）企业信息化的有效保障

20世纪90年代以来，以计算机为代表的信息技术在企业设计、制造与经营中广泛应用，对提高企业市场竞争力起到了巨大的推动作用，拉开了企业信息化的帷幕。而企业信息化的重要标志就是人本管理，即信息化企业的管理要以人为中心，通过调动人的潜能，最大限度地开发和利用信息资源，以推动企业信息化的进程。信息社会的发展，靠的是信息、知识和创新，而这三者的获取，只能源于"人"。人本管理是企业信息化建设成功的保证，是实现企业信息化的核心和发展方向。

人本管理促进了信息化企业组织形式的转变。企业信息化要求企业组织形式与信息输入、输出、控制相一致，而传统组织形式很难适应企业信息化的需求。在传统组织形式下，信息自上而下流动，经过管理层次多，容易造成信息沟通时间长，信息传递失真，很难适应日新月异的信息技术和社会环境的变化。因此，传统组织形式开始衰落，一种横向网络组织结构逐渐形成。

人力资源管理信息化与企业信息化关系密切。人力资源管理信息化服务于企业信息化，支持企业信息化目标的实现。人力资源管理信息化是以企业信息化为依据的，同时又影响企业信息化的进程。

三、自身发展的必要性分析

当今社会的网络化趋势成为时代潮流，人力资源管理方法与模式发生了深刻的变化。为了确保人力资源管理在发展的社会环境中有效运转，企业必须根据新的技术环境和社会需求进行信息化建设，设计、建构整个人力资源信息管理系统的结构体系和运转模式，实现人力资源信息的网络化共享。人力资源管理信息化是其自身发展的必然选择。

（一）提升人力资源的管理水平

社会信息化为人力资源管理的发展融入了新的观念、方法和技术。面对以计算机网络为主导的信息技术革命，人力资源管理的传统技术手段已远远落后于技术发展，传统的工作模式的局限性表现得更加突出。随着信息化的发展，人力资源管理者开始树立先进的人力资源管理理念，希望不断提升自身管理的层次，达到工作标准化、科学化，为中高层管理者及员工提供更好的服务。但是各种繁杂的行政事务、工作流程的运转、人际关系的处理束缚了他们的手脚，因而有必要运用信息技术提高工作效率和质量。信息技术在人力资源管理中的应用，将有力地帮助人力资源管理者在多变的环境中应付自如，完成历史赋予人力资源管理者的使命。人力资源管理只有由传统管理向现代化管理模式过渡，才能有效地改变现有人力资源管理工作的面貌。

人力资源管理信息化能够提升业务管理水平。企业通过人力资源信息管理系统对员工信息、薪资福利、考勤休假、工资发放、员工考勤、人员招聘、工作调动和岗位轮换工作进行管理，可以使管理更科学、更规范。

人力资源管理信息化能够提升决策管理水平。人力资源管理者采用和实施人力资源信息管理系统，对信息进行整合，形成全面、准确、客观的信息，生成综合的分析报表，供决策者在决策时参考，让决策者对人力资源的现状有一个比较全面和准确的认识。

人力资源管理信息化能够提升沟通管理水平。人力资源管理软件的应用，可以实现人力资源管理者、部门主管、普通员工和分公司的管理人员在同一个系统平台上工作和沟通，实现数据的集中统一和广泛应用。各个层次的人员都可以参与到人力资源管理中来，使得人力资源管理部门与其他各部门和员工关系更加和谐，合作性更强，员工可以自助服务，降低人力成本。

总之，人力资源管理信息化建设的过程就是企业自身管理水平提高的过程，是由传统的手工管理向现代化的计算机管理转变，由无序化管理向系统化管理转变，注重人力资源管理的主动性和策略性.管理的内容更加丰富，工作方式更加透明，实现人力资源管理的改进和提高，适应信息化发展的需要。

（二）努力实现人力资源的信息共享

随着人力资源管理信息化，人力资源信息网络的建立不仅使人力资源信息的检索、传输更加快速、准确，人力资源信息的提供能够超越时空，而且可以充分发挥信息网络对信息资源的共享、综合集成优势，一体化地提供人力资源信息。同时，借助于互联网络无处不及的用户终端，其可为分布各地的用户提供适时服务，使人力资源信息服务的内容和方式提升到一个新的层次。

特别是随着社会的信息化、工作过程公开化，其大幅度提高了人力资源管理的透明度，如岗位选聘，将采取公开竞争、平等考试、择优录用的方式；员工的提拔或奖惩.采取以民主方式制定评估标准，经过公开评议，然后提出建议报批通过；工作的分配，要将岗位及任职条件公之于众，具体的管理程序及最后的分配方案要公开化，从而得到员工的监督。这些不仅可以避免舞弊，而且提高了员工的参与程度，为人力资源信息的共享奠定了基础。

（三）搭建人力资源管理的社会化环境

信息时代网络的开放性为人力资源管理提供了良好的社会化环境。发达的人才信息互联网络，提高了人力资源管理的社会化程度，人力资源管理信息化的建设将使人力资源部门逐步融入网络社会。随着市场经济的发展，人才的社会化程度越来越高，流动性更大。信息价值是信息主体与信息客体间潜在的利用关系。人力资源部门一方面借助公共网络获取人力资源信息，将分散于不同部门或保存地点的人力资源信息通过网络联结为虚拟的整体；另一方面通过网络发送人力资源信息，网上的用户可通过网络获取人力资源信息。互联网络将人力资源部门和现代社会紧密地联结在一起。人力资源部门与网上用户的跨时空交流，必然改变人们对人力资源价值的认识，提高人力资源信息的利用率，使人力资源信息价值增值。

（四）不断规范人力资源管理的业务流程

计算机网络和信息技术为人力资源管理创新提供了有力的手段，将先进的管理思想和经营理念引入管理业务中，从人员聘用到员工离职，人力资源信息系统涵盖了从岗位、绩效、薪酬到培训方案、继任者计划等一系列工作模块，通过运用互联网和个人电脑，实现人力资源管理工作的系统化、模式化和集成化，全面实施业务流程重组。

（五）为企业与员工提供超值服务

人力资源管理的根本任务是忠实服务于企业管理层和员工。常规的事务性工作已经不能满足企业良性运转的需要，及时、准确的人力资源信息是实现增值服务的保证。通过人力资源管理信息化，可以满足企业管理层和员工的需求，提供超值服务。

（六）积极促进人力资源管理效率的提高

人力资源管理信息化的最直接的结果，是工作效率的极大提高。技术的进步、办公自动化的实施、以计算机和通信为主体的现代信息技术的应用，使人力资源管理发生了变革，许多工作环节通过联网的计算机来进行，很多行政事务上的工作也可以由电子化系统完成。人力资源管理者可以把工作重心真正放在服务员工、支持公司管理层的战略决策，放在公司最重要的资产——员工和员工的集体智慧的管理上，把精力放在为管理层提供咨询、建议上。

人力资源管理信息化极大提高了人力资源部门的组织效率。局域网系统的建立及其与外部互联网络的接通，为人力资源信息的输入、处理和输出以及人力资源部门工作信息的流转提供了高速、便利的信息通道，减少了工作中的冗余环节和决策失误。

人力资源管理信息化进一步提高了人力资源工作的投资效率。在网络环境下，业务过程中的物质流动和人员流动更多地让位于快捷高效的信息传递，无须再依靠纸质文件或纸质复印件来传递人力资源信息或工作信息，节约了制作这些传统媒体所需的资源。通过网上硬件、软件和数据信息共享，减免了不同部门、各个环节重复配置这些资源所需的投资，人力资源管理的投资效率得以提高。

（七）带来社会与经济效益

市场化程度、全球化程度越高，越重视信息化带来的效应，信息化的带动作用也越明显。人力资源管理信息化的实质就是借助计算机、互联网等信息手段将人力资源管理流程现代化、人力资源信息数字化，使人力资源合理配置，从而帮助企业适应瞬息万变的市场经济竞争环境，获得最大的经济效益。

现代管理都是以提高企业效益为目的，管理效益是衡量管理工作的价值标准。现代人力资源管理作为一种重要的管理活动，其各个环节、各项工作都是围绕提高社会效益和经济效益展开的。人力资源管理部门通过将人力优化组合，使员工形成一个系统整体，产生整体功能，带来更大的效益。

人力资源管理信息化能够带来直接和间接经济效益。直接经济效益方面：其减轻了人力资源管理人员的日常事务性工作时间，避免了重复劳动，只要将原始记录输入计算机，计算、分类、存储等工作都可由计算机自动完成；工作强度会大大减轻；通过数据挖掘，对人力资源管理的所有信息进行分析，形成各种统计报表和图表，为公司领导更好、更快地进行决策和解决问题提供支持。在间接经济效益方面：拓宽了沟通渠道，改善沟通途径，使得人力资源管理者、部门主管、员工和分公司之间的信息得以充分共享，提高整体工作效率和满意度。

第三节　人力资源管理信息化的主要任务

当前，企业人力资源管理信息化建设的基本任务是抓住信息时代的机遇，把握信息化战略目标，建立和贯彻落实人力资源管理的法规和标准，在各级各类人力资源部门广泛推广应用现代信息技术和网络技术，建设人力资源信息库，建设人力资源信息网络，建设人力资源管理信息化人才队伍，提高人力资源工作者的素质，对人力资源信息进行有序化整理和数字化管理。

一、建设人力资源管理信息化标准规范

标准规范是人力资源管理信息化建设的重要基础之一,是信息化快速、有序、健康发展的保障。只有在统一的规划和统一的信息技术标准的指导下才能真正推进信息化的发展。标准规范建设,应以面向业务的流程为主线进行考虑和分析。标准的制定,既要符合国家、行业标准要求,又应考虑与国际接轨。在充分调研的基础上,相关部门应根据信息化建设国际标准和通用规范,逐步推出适合的相关标准规范,从管理、法制和技术等方面规范和协调人力资源管理信息化各要素之间的关系。具体措施如下。

要全面贯彻推广与电子政务、电子商务相关的法规和标准;建立符合人力资源管理信息化要求的制度,健全人力资源电子文件归档、电子档案管理、信息公开和信息安全、网站建设与管理等方面的规章,制定人力资源信息采集、整合方面的标准,加快建立健全人力资源管理信息化标准实施机制,形成有效的人力资源管理信息化建设激励约束机制,促进管理能力、决策能力、服务能力得到改善和加强;要制定和实施一体化的信息资源管理法规和政策,实现对各种信息资源的有效控制和高质量的开发利用,规范人力资源电子文件归档和电子档案管理,规范人力资源信息标识、描述、存储、查询、交换、管理和利用等,逐步形成关于信息化的标准规范体系,促进人力资源信息开发利用的政策法规和标准的制定,保证人力资源管理信息系统的良性运行与健康发展,推动人力资源管理信息化建设有序进行。

二、建设人力资源管理信息化技术设施

人类社会从农业社会到工业社会再到信息社会,每一次发展和进步都与科学技术的发展息息相关,人力资源管理信息化的关键是技术建设。

(一) 办公自动化技术

手工录入信息等办公方式与不断增长的办公业务量之间的矛盾日益尖锐,人力资源信息量迅速膨胀与信息的社会需求迅猛增长之间的矛盾更加突出,依靠手工管理,利用人工手段进行庞大的人力资源信息的收集、处理、分析及科学决策已经不能适应时代发展的要求。因此,改变办公模式,将办公业务的处理、流转、管理过程电子化、信息化,实现办公自动化,是人力资源管理信息化的基础任务。人力资源管理现代化与办公自动化应同步建设、同步发展,通过建设自动化、网络化的电脑办公系统,实行联网运作、联网监控、联网审批,并逐步实现文件、信息等主要办公业务数字化和网络化、文字材料的无纸化传输、各种应用资料的随机查询,以及文件制作及管理电子化作业。通过网络交换电子文件和资料,逐步建立多媒体应用系统,为中心工作服务,为经济建设和社会发展服务。

(二) 软硬件基础设施建设

软硬件基础设施建设是加强人力资源管理现代化的前提,是人力资源管理信息化建设不可缺少的基本条件和重要保障,是人力资源信息开发利用和信息技术应用的基础,也是人力资源信息传输、交换和资源共享的必要手段。软件设备主要涉及文字、数据、声音、图像处理系统以及各种数据库、管理信息系统、决策支持系统,实现系统的开发、新建、完善、推广或升级。软件投入将是信息化的重点。硬件设备主要有计算机设备、通信设备、轻印刷设备、信息存储设备以及电子会议支持设备等。为了实现信息化,购买必要的硬件设备是最基本的环节。在硬件投入方面更多的将是设备的升级与换代,使硬件平台不断完善。配置高性能的软硬件基础设施是人力资源管理信息化的保障,是充分发挥人力资源管理信息化的整体效益的前提。

(三) 网络建设

人力资源管理信息化的核心是网络建设。要利用现代信息技术来改善管理模式,构建资源共享的平台,提高计算机和网络技术在人力资源管理中的应用程度,从而逐步提高人力资源管理信息化水平。网络建设包括局域网建设、互联网建设。局域网的设立是各项工作的基本条件。近年来,相当数量的人力资源部门建设了内部局域网,实现了与办公自动化网络系统相连通,在互联网建立了站点。信息化以大力推进各级人力资源部门内部局域网建设和连接各单位的外部网建设为基础,以互联网网站建设为重点,在国际互联网上建立人力资源网站或主页,为人力资源工作公开和人力资源信息的更好服务开辟新的渠道,加强信息联系、沟通及互动交流。需要注意的是,所有接入互联网的计算机严禁存储涉密人力资源信息,凡存储涉密信息的计算机必须与互联网进行物理隔离。人力资源信息网络建设,可以更好地提高人力资源管理工作的透明度,降低办公费用,提高办公效率、大幅度提高人力资源管理者的信息化水平。

三、开发和利用人力资源信息

人力资源信息是社会发展的战略资源之一,它的开发和利用是人力资源管理信息化的核心任务,是人力资源信息化建设取得实效的关键。人力资源信息开发利用的程度是衡量人力资源管理信息化水平的一个重要标志。

(一)人力资源信息库的建设

人力资源信息建设的重点是人力资源信息库。人力资源信息库包括社会就业、专业人才档案、人才中长期供需预测等信息。企业要以加快人力资源信息的数字化进程为基础,以电子文件的归档和管理为重点,充实与完善现有数据库,将人才供需信息上网发布,实现人力资源信息的电子管理和动态查询,采用相关技术将已有各类高质量的数据库实现互联,提高资源的利用率,加强人力资源信息建设。

(二)人力资源信息的有序整理

随着信息化时代的到来,决定一个国家和地区生产力发展水平的不再是自然资源、历史条件等，而是包括知识在内的各种信息，信息将成为知识经济时代最为重要的资源。作为信息资源重要组成部分的人力资源信息同样具有重要的社会价值，其价值实现的基础是人力资源信息的科学有序。人力资源信息的整理是使信息从无序到有序的过程，即通过利用科学的原则和方法，对信息进行分类、组合，形成有机体系。它是人力资源信息有效沟通的保证，是信息开发和利用的重要手段，对于促进人力资源信息的社会共享具有重要的意义。

(三) **人力资源数字信息建设**

人力资源信息的数字化是利用数据库技术、数据压缩技术、高速扫描技术、光盘存储技术、多媒体技术、网络技术等技术手段，将数据、图形、图像、声音等信息转化为二进制代码，系统组织成结构有序、整体统一的数字化信息。

人力资源信息的数字化是信息化建设的一项迫切任务，是人力资源信息网络建设的基础性工作。为确保数字化人力资源信息的质量，实现人力资源信息数字化的既定目标，数字化工作必须遵循规范、安全、效率原则。

四、建设人力资源管理信息化应用系统

应用系统建设是信息资源开发利用和信息网络建设的技术保障。人力资源管理信息化既要重视软硬件基础设施建设，又要注重应用系统建设，根据实际情况建立和完善人力资源管理信息系统。

人力资源管理信息系统是信息化发展的重要进程，也是人力资源管理现代化发展的必然产物。人力资源管理信息系统是一个利用计算机硬件和软件进行分析、计划、控制和决策的人—机系统。以计算机为工具建立人力资源管理信息系统，获取支持自身发展的各类最新信息，处理日益增多的信息量，并通过人力资源招聘、考核、培训体系及时将信息转化为竞争

力,能够提高企业管理效率、管理水平和管理效益,实现人力资源管理者办公模式的转变,实现人力资源信息的广泛交流。

人力资源管理信息系统的开发和运行要想产生巨大的效益,必须具备一定的条件,如要有领导的重视与业务人员的积极参与和有高水平的专业技术团队,并且管理信息系统的开发、分析和设计应建立在科学管理的基础上。

五、建设人力资源管理信息化人才队伍

人是最宝贵的资源。人才队伍建设是信息化成功之本,是保证信息化建设持续发展的关键,对信息化其他各个要素的发展速度和质量起着决定性的作用。因此,企业要坚持以人为本,始终把培养人才、建设队伍、提高人的素质放在第一位。信息化管理涉及计算机信息管理技术、网络技术、企业管理,需要综合型、复合型的人才,要求他们具备坚实的现代管理科学的理论知识,熟练掌握现代信息技术手段和系统工程方法,具有创新思维和组织能力。企业要加大培训力度,有针对性地进行各种形式的业务培训,特别要加强对信息化理论知识、计算机知识与技术、信息开发技术、网络技术、信息化系统应用等方面内容的培训,不断提高信息技能;还要把人力资源管理信息化建设的过程作为锻炼队伍、培养人才的过程,成为边学习、边实践,不断总结、不断提高的过程。

第四节 人力资源管理信息化对企业经营的意义与影响

信息网络技术在企业中应用越来越普遍,人力资源管理的信息化效应逐渐显现。企业在运营中必须以先进的人力资源管理理念和生产经营的实际情况为基础,创建高效的人力资源管理计划,为企业健康可持续发展奠

定坚实的基础。人力资源管理的信息化需要所有员工的参与，并以其作为基础，实施企业的战略变革。

一、人力资源管理信息化对企业经营的意义

1. 有助于企业人力资源的有效管理。人力资源管理的信息化采用计算机技术实现，大大减少了错误的可能性，减少了人力资源管理所花费的时间，提高了效率。

2. 有利于人力资源管理计划的实施。业务发展过程揭示了企业人力资源管理问题，了解业务管理问题有助于制定具体的问题解决策略并提高企业管理的效率。人力资源管理的信息化有助于实现上述目的，从而有助于实施各种人力资源管理计划。

3. 有助于提高人力资源管理水平。为了最大限度地提高企业人力资源管理的有效性，有必要扩大人力资源管理的范围，使人力资源管理有关的若干方案应广泛适用于人力资源管理进程。这样，人力资源管理部门与其他部门之间的信息交流将更加顺畅，管理工作的实施将是"大规模"基于人力资源管理和内部人力资源信息的概念。

二、人力资源管理信息化对企业经营管理的影响

1. 规范了企业经营管理流程。人力资源管理信息规范了企业的管理和控制流程，使其能够参与企业各方面的发展规划。企业生产和运营所需的人力资源管理计划的优化得益于此。在人力资源管理的情况下，信息管理模式颠覆了传统的工作方式。复杂的行政问题逐渐被信息系统所取代，进一步提高了工作效率。企业在建立人力资源管理信息的同时，必须使用先进的信息方法来规范人力资源管理流程。从招聘流程到配置，绩效评估，培训和其他任务，需要执行这些任务以实现业务流程合理化。信息管理模

式可以促进人力资源管理的合理化和系统化，使员工能够在短时间内准确地收集必要的人力资源信息，促进企业健全、高效地发展。

2.促进了企业人力资源管理角色的转变。在传统的工作方式中，人力资源管理工作主要通过人工操作完成，包括简单的工作，如员工评估、工资计算和许可审批协助。这类工作对人力资源经理来说非常耗时，因此很难用现有的工作模式进行创新。此外，手动操作模式不仅效率低，而且容易出错，获得的信息通常不符合理想标准，并且也难以获得业内最先进的信息。因此，很难在业务决策中发挥必要的支持作用，而人力资源管理信息化为解决这些问题提供了新的思路。在构建信息化的背景下，人力资源管理完成了职能角色的转变，积极承担了企业生产和业务发展的战略重要性、前景设计、人力资源规划和员工专业，开展的工作得到了显著改善。信息化使员工获得前沿的管理信息，实现了管理思想转化和管理方法创新。作为管理者，在信息化人力资源管理的背景下，可以直接依靠信息系统获取有关员工的信息和公司的宏观层面，进而在短时间内做出响应。

3.信息化的管理可以提升管理效率，节省开支。在过去的管理过程中，一些管理程序相对复杂，采用人为操纵的管理方式，效果缓慢且劳动强度大。例如，在人员管理培训系统中，采用面对面培训系统的过程耗时且耗费人力，但是通过采用信息培训系统可以进行在线培训。员工可以在不同时间进行培训，成本相对较低。

4.实现了与其他管理系统的高效衔接。信息技术在人力资源管理中的应用是促进企业良性发展的有力支撑，它不仅可以创新企业人才的管理方法和理念，还可以为企业的发展提供持续发展的动力；它还有助于管理者制定科学合理的业务战略，提高员工效率，促进不同部门的协调运作。管理体系是整个企业发展的核心，这包括人事管理系统、财务系统和其他管理系统。这些子系统连接到中央系统，而且彼此之间是相互独立的。因此，人力资源管理系统需要与信息化的发展趋势联系起来，不断优化管理模式，以便与多个子系统有效联系，促进企业的合理发展。

第九章 现代人力资源管理信息化的人才与系统建设

第一节 人力资源管理的信息开发与人才队伍建设

一、人力资源管理的信息开发

人力资源信息开发是根据大量客观存在的信息事实和数据，以各种载体和各种类型的信息为基础，运用判断与推理、分析与综合等多种方法，提供不同层次的信息服务。人力资源信息开发的目的是对人力资源潜在能量的挖掘，促使企业管理者更加充分有效地运用人力资源信息，发现人才、任用人才，实施人才发展战略。

（一）人力资源信息开发的作用

1. 最大限度发挥经济和社会价值

信息技术的快速发展，为深度开发和广泛利用人力资源信息创造了前所未有的条件，能够根据社会需要，全面、及时、准确地提供人力资源相关信息，充分开发利用反映劳动、工作、保险福利以及人力资源管理方面的信息，强化人力资源管理，能够加快人力资源管理制度的建立，使信息流更加有效地引导人员流、物资流和资金流，实现对物质资源和能源资源

第九章 现代人力资源管理信息化的人才与系统建设

的节约和增值作用，带来直接和间接的社会和经济效益。

同时，随着政府、社会公共服务的深入发展，办公自动化的普及和电子商务的发展，人力资源数字化信息数量不断增加，人力资源信息也越来越丰富，不断满足社会各项事业对人力资源信息的需要。人力资源管理部门要通过各种有效的方式，最大限度地发挥人力资源信息的价值效用。

2.发挥人力资源信息的价值

人力资源部门保存并积累了大量人力资源信息。而人力资源信息的存储和传递就是为了有效地提供利用，即把静态中的信息变成动态信息进行开发利用，直接体现信息的使用价值。人力资源信息是人力资源活动的原始、真实的记录，及时、有序、系统地开发利用人力资源信息，就是揭示人力资源信息的使用价值，发挥人力资源信息富有生命力的独特作用。

3.加大人力资源的管理服务

在一切管理系统中，人是最主要的因素，是最活跃、最积极的要素。组织活力的源泉在于劳动者的创造力、积极性和智慧。要想充分挖掘、准确识别和长足发展人的潜力和能量，必须开发利用人力资源信息。

加强人力资源信息的开发利用，是人力资源管理的基础和可靠保证，也是人力资源管理的根本目的。人力资源管理的各项活动都必须充分利用信息。参与决策、建立企业优秀文化、决定组织的结构需要信息；设立人事选拔标准、制定招聘计划、建立新的招聘市场、确定职业发展途径、制定员工开发计划要建立在充分信息的基础上；实施招聘计划、设立并运作控制系统、管理报酬项目、建立年度绩效评估系统、贯彻员工培训计划、安排员工上岗或转岗需要信息。

必须指出，现代人力资源管理是一个开放的系统，人力资源管理的发展过程是一个适应外部环境变化的过程。人力资源管理者必须时刻接受外界环境输入的信息，并利用这些反映人力资源发展趋向与需求的信息，适时地改变人力资源管理的目标、战略、方式、措施、技术，才能使人力资源管理发生适当的变革,以适应环境变化、服务于社会。

4. 为决策者提供有效信息依据

决策对管理的影响作用大,而且影响持续的时间长,调整起来比较困难。正确的决策,需要完整、准确、真实的人力资源信息。人力资源的供需状况、人力资源的素质、人力资源的工作绩效与改进、人力资源培训与开发的效果等信息,可以为决策的确定提供内在保证;劳动力供给的状况、竞争对手所采用的激励或薪酬计划的情况以及关于劳动法等法律方面的信息,能够为决策制定提供外在依据。只有充分开发利用人力资源信息,才能保证客观、科学地进行决策。

5. 积极促进人的潜能开发

人是生产力中最基本、最活跃、最关键的因素,提高人的素质,充分调动人的积极性、创造性,合理利用人力资源信息,是提高生产力水平的主要途径。人力资源信息对于开发人的智能,调动人的积极性和创造性,推动经济社会发展具有重要作用,是科学合理开发人才资源的必要条件。人才的筛选、识别和管理、制定人才机制、进行人才战略储备,都需要掌握大量的信息。充分挖掘人的潜力、提高人的素质、发挥人的聪明才智,关键在于对人力资源信息的开发和管理。人力资源管理部门应以信息为依据,根据经济、社会发展的需要,从战略目标出发,有计划、有步骤地实施人才培养计划,进行吸收、选拔、任用等一系列管理活动,使人才的培养与岗位的要求,个人的发展与组织的目标相适应。

6. 为制定人力资源规划提供数据

现代竞争的根源是人力资源的竞争。一流的人才才能造就一流的企业。人力资源规划是组织的长期人力资源计划。依据人力资源信息,才能根据社会环境状况、单位的规划、组织结构、工作分析和现有的人力资源使用状况,处理好人力资源的供求平衡问题;才能科学地预测、分析环境变化中人力资源供给和需求状况,制定必要的政策和措施,合理分配组织的人力资源和有效降低人力资源成本，确保组织的长远利益。

（二）人力资源信息开发的类型

人力资源信息开发的主体是人员；人力资源信息开发的客体是有一定实体整理基础的信息；主体要对客体进行作用，即人力资源部门要对信息进行重新整合加工，将信息中的内容与其原载体相脱离进行重新组织，使客体形成系统化、有序化的状态。在人力资源信息开发利用过程中，按照主体对客体的作用程度可将信息分为如下几类。

1. 按照加工程度分类

按照对信息加工的程度，信息开发分为浅加工和深加工。浅加工是指对人力资源信息进行压缩提炼，形成信息线索并存储在一定载体上的过程，即信息检索工作。深加工是根据一定的需求，对庞杂的人力资源信息进行系统化、有序化的处理过程，以解决利用者需求的特定性与人力资源信息量大、有杂质的矛盾，即信息编研工作。

2. 按照加工层次分类

按照对信息资源加工的层次，信息开发分为一次信息开发、二次信息开发和三次信息开发。

（1）一次信息开发。一次信息开发在人力资源管理活动中直接形成的原始信息，具有直接参考和凭证的使用价值。对一次信息进行开发有利于管理者把无序的原始信息转变成有序的信息，节省收集原始信息的精力和时间，提高利用率。其主要形式有剪报、编译。

（2）二次信息开发。二次信息开发是对一次信息进行加工整理后而形成的信息，专门提供信息线索，供人们查阅信息来源。它是对信息加工而得到的浓缩的信息，容纳的信息量大，可以使人们在较短的时间对一定范围内的信息有概括的了解。其主要的开发形式有目录、索引。

（3）三次信息开发。根据特定的需要，在一次、二次信息的基础上，经过分析研究和综合概括而形成更深层次的信息产品。从零星无序、纷繁复杂的信息中梳理出某种与特定需求相关的内容，解释某种规律性的认识，并最终形成书面报告，从而为管理决策服务。三次信息是高度浓缩的信息，提供的是评述性的、动态性的、预测性的信息。其主要形式有简讯、综述、述评、调查报告。

（三）人力资源信息开发的不同形式

1. 编写材料

（1）编写工作说明书。工作说明书的编写，是在职务信息的收集、比较、分类的基础上进行的，人力资源管理部门要根据工作分析收集的信息编制工作说明书，可以帮助任职人员了解工作，明确责任范围，为管理者的决策提供参考。

（2）编写人员供给预测材料。人员供给预测包括内部供给预测和外部供给预测。人力资源管理者要充分利用信息，对信息进行综合分析，进行人员供给预测。

人力资源管理者要收集有关人员个性、能力、背景等方面的信息，分析研究管理人才储备信息，如工作经历、教育背景、优势和劣势、个人发展需求、目前工作业绩、将来的提升潜力、专业领域、工作特长、职业目标和追求、预计退休时间。在对信息进行综合分析的基础上，编制"职业计划储备组织评价图"，编写人员供给预测信息材料。

编写人员供给预测材料，人力资源管理者必须收集和储存有关人员发展潜力、可晋升性、职业目标以及采用的培训项目等方面的信息；要获得目前人力资源供给的数据，包括：个人情况；工作历史；培训经历以及职业计划；目前的工作技能；累计数据，如员工总数以及他们的年龄分布、教育程度等，明确目前的人力资源供给情况，有效分析人力资源的供给及流动情况。

2. 编制统计表

统计表是用表格来显示各种变量的取值及其特征，是表现人力资源信息最常用的形式，是为统计工作提供统计数字资料的一种工具。它可以概括文字的叙述，科学合理地组织人力资源信息，使人力资源信息的排列条理化、系统化、标准化，一目了然。

（1）统计表的结构由总标题、横栏标题、纵栏标题和指标数值四部分构成。

（2）统计表按用途可分为调查表、汇总表和分析表；统计表按照内容的组成情况，可分为简单表、分组表和复合表。

（3）统计表的设计应遵循科学、实用、简明、美观的原则。

3.编制统计图

统计图是用点、线、面、体等构成的几何图形或其他图形表现信息，表示变量的分布情况，是信息分析研究的重要方法。利用统计图来表现信息，形象具体、简明生动、通俗易懂，能将信息所反映的复杂的内容，以简明扼要的形式表现出来。编制统计图应遵循一定程序与基本要求。

（1）确定编制目的。编制人力资源信息统计图要根据实际需要，确定编制目的，以便进行信息的筛选、分析和综合，明确信息的表达方式和统计图形式。

（2）选择图示信息。信息的选择，应在反映所研究内容的一切指标中，选择符合制图目的、有价值、反映内容本质的重要信息，避免图示信息过多，内容繁杂，表达模糊。

（3）设计统计图。图形的设计要力求科学、完整、真实、清晰地体现信息的各种特征。图形的外观要尽量美观、鲜明、生动，具有一定的观赏性。标题要简单明确，数字及文字说明应准确无误。

（4）审核检查。统计图编制完成以后，编制人员要进行认真的审核检查和修改，确保编制的图形客观地揭示信息，符合制图目的，图形结构简明准确、生动鲜明，图式线形、数字标示、文字说明等适用，注解具体，图面清晰整洁。

4. 编写统计分析材料

统计分析是人力资源管理者对获得的人力资源信息进行量化分析，客观、准确、科学地揭示人力资源管理工作中的特点和规律，深入地反映人力资源状况，以此调整工作方式，提高人力资源管理水平。编写统计分析材料，能够精确描述和认识信息的本质特征，揭示信息的内在联系，使人们对信息的利用从感性认识上升到理性认识，为管理提供深加工、高层次、有价值的信息。

统计分析材料是充分表现统计过程、方法和结果的书面报告，为建立宏观人才资源信息库、建立和完善人才市场体系、促进人才合理流动、实现人才工作协调发展、为人才规划的落实提供信息服务。编写统计分析材料有提炼主题、选择材料、拟定提纲、形成报告四个主要环节；编写要求是：针对性，明确编写目的、解决的问题和服务对象；真实性，尊重客观实际，以充分可靠的信息为基础，真实地反映客观实际，事实具体，数据准确；新颖性，在对原始信息深入挖掘、把握本质的基础上，提取新的信息，形成新的观点、结论；时效性，着眼于现实问题，讲求时间效果，在信息的最佳有效期提供利用。

（四）人力资源信息开发的方法

人力资源信息开发主要有以下几种方法。

1. 汇集法。汇集法是指围绕某一特定的主题，把一定范围内的人力资源原始信息，按照一定的标准有机地汇集在一起。汇集法适合于反映一个地区或一个部门某方面的状况，或当人力资源信息资料较多，反映面宽的时候比较适用。

2. 归纳法。归纳法是将反映某一主题的人力资源原始信息集中在一起，加以系统综合归纳和分析，以便完整、清晰地说明某一方面的工作动态。归纳法要求分类合理、线条清楚、综合准确。

3. 纵深法。纵深法是根据需要把若干个具有内在联系，有一定共同点的人力资源信息，或几个不同时期的有关人力资源信息，从纵的方面进行比较分析，形成新的信息材料。可以按原始信息材料提供的某一主题、按某一活动的时间顺序或按某一事件的历史进程层层深入，要清楚问题的来源。

4. 连横法。连横法是按照某一主题的需要，把若干个不同来源的人力资源原始信息材料从横的方面连接起来，做出比较分析，形成新的信息材料。采用连横法要选择最能说明主题的信息，从不同来源信息中选择具有一定同质性的信息。

5. 浓缩法。浓缩法是通过压缩人力资源信息材料的文字篇幅，凝练主题，简洁文字。使用浓缩法要主题集中，内容突出，一篇信息材料只表达一个中心思想，阐明一个观点；压缩结构，减少段落层次；凝练语言，简明地表达含义。

6. 转换法。人力资源原始信息中若有数据出现，应把不易理解的数字转换为容易理解的数字。

7. 图表法。如果人力资源原始信息中的数据有一定的规律性，可以将数据制成图表，使人一目了然，便于传递与利用。

8. 分析法。分析法是在充分信息的基础上通过综合分析，进行人力资源的现状规划和需求预测，包括现状分析、经验分析、预测分析。

进行短期人力资源预测规划，人力资源管理者要依据有关信息进行现状分析，预算出规划期内有哪些人员或岗位上的人将晋升、降职、退休或调出本单位的情况，根据预测规划期内的人力资源的需要，做好调动人员替补准备工作，包括单位内管理人员的连续性替补。

进行中、短期人力资源预测规划，人力资源管理者可采用经验分析法、分合性预测法。经验分析是根据以往的信息进行经验判断，如以往员工数量变动状况，对人力资源进行预测规划，预测组织在将来某段时间内对人力资源的需求。分合性预测是在下属各个部门、机构根据各自的业务活动、工作量的变化情况，预测的将来对各种人员需求的基础上，进行综合平衡，以预测整个组织将来某一时间内对各种人员的总需求。

进行长期的、有关技术人员或管理人员的供求预测，人力资源管理者可采用预测分析法；针对某些重大的变革和发展趋势而带来的人力资源供求的变化，还可向有关专家征求意见，并在此基础上形成预测结果。

二、人力资源管理信息化的人才队伍建设研究

（一）人力资源管理信息化人才队伍的素质要求

实现人力资源管理信息化，需要一批适应形势发展、德才兼备、有创新思维和创造能力的人才推进信息化工作的发展。必须充分发挥人的主观能动性，建设一支思想作风过硬、业务素质高、知识结构合理的信息化管理人才队伍。信息化人才素质是信息化的前提和保障，主要包括信息素质、业务素质、知识素质。

1. 信息素质

信息素质也称信息能力，是人们使用计算机和信息技术高效获取、正确评价和善于利用信息的能力。信息科技特别是网络科技的迅猛发展，使人类的沟通与信息交换方式变为以人际互动为主的模式，终身学习、能力导向学习和开放学习成为新的学习理念。为满足知识创新和终身学习的需要，提高信息素质将成为培养人才能力的重要内容。

（1）信息素质的意义体现。信息素质是信息化建设的要求，只有提高信息素质才能保证人力资源发展战略和信息化战略的实现。提高信息素质的意义主要体现在以下方面。

第一，人力资源发展需要信息素质。在信息瞬息万变的今天，市场的竞争就是人才的竞争，企业必须广、快、精、准地掌握与人力资源相关的政策、技术、市场、管理等全方位信息，进行科学决策，开发人才，才能

从本质上全面提高组织的社会效益和经济效益。

第二，能够改善员工的知识结构。信息科学是一门新兴的交叉科学，涉及计算机科学、通信科学、心理学、逻辑学等诸多相关学科。随着科学技术的飞速发展，信息科学与其他学科知识一样，不断推陈出新。及时补充各学科的历史、现状和未来的信息知识，才能充分激发员工已有的业务潜能，改变员工单一的知识结构，重塑员工的能力构架，使员工充分运用现代的信息工具，积极主动跟上时代发展的步伐，成为信息化建设的贡献者和受益者。

第三，使信息价值得到更大程度的体现与发挥。信息是科学决策的基础，在人力资源管理中发挥着巨大作用。普及信息知识，提高信息处理能力，能使管理者在人力资源管理信息化过程中，充分挖掘信息环境中的各种有利因素，排除不利因素，了解过去、把握现在、预测未来。

第四，进一步提高组织的信息管理水平。人们既是信息的需求者，又是信息的提供者，互利互惠、互相依存，总体上的信息需求结构达到动态的基本平衡，在组织内部形成一个有效的信息增值网络。此外，普及信息知识还能激发人们潜在的信息需求，促使组织根据需求进一步完善人力资源管理系统的功能，促进人力资源管理信息化向高水平发展，最大限度地发挥人力资源信息的社会经济价值。

（2）信息素质的主要内容。信息化人才要做好本职工作，出色完成任务，必须具有较高的信息素质。信息素质的内容主要包括以下几个方面。

第一，强烈的信息意识。人力资源管理者要有敏锐的信息意识，广泛收集人力资源信息，精心加工、准确提供、快速传递、充分利用，以适应人力资源管理信息化发展的客观要求。强烈的信息意识主要表现为三个方面：一是对信息的敏感性；二是对信息的观察力；三是对信息价值的判断力。

第二，信息管理能力。包括信息技术能力、认识能力、信息沟通和人际关系的才能、领导艺术和信息管理技能以及战略信息分析和规划决策的能力。人力资源管理者要运用信息管理科学的基本原理和方法，提高在实际工作中认识问题、分析问题和解决问题的本领和技巧。

第三，管理信息服务能力。即围绕特定的管理业务进行的信息搜集服务、检索服务、研究与开发服务、数据资料提供和咨询服务的能力。信息服务工作的开展必须依据管理科学和心理行为科学的理论，根据服务对象的不同，进行用户研究和用户管理工作。

第四。信息处理能力。即获取和处理信息的能力，包括信息获取能力、信息加工能力、信息激活能力、信息活动策划能力、决策能力、指挥能力等。

2. 业务素质

（1）娴熟的专业能力。人力资源管理者要系统掌握有关人力资源管理的理论知识，熟悉人力资源部门各个业务环节的基本技能，了解整个业务工作的流程及各项业务的有机联系，掌握人力资源工作的基本技能和基本方法，具备人力资源信息获取、加工、开发和交流的能力，精通本职工作。随着知识、新技术的不断更新，人力资源管理者要及时学习、补充新的人力资源管理业务知识和技能，适应新时期人力资源管理发展的需要。

（2）驾驭现代科技设备能力。随着现代科技日新月异的发展和办公自动化的普及，特别是电子计算机及现代通信技术在人力资源管理中的应用，人力资源管理的方法发生了深刻的变化，正在从传统的手工管理模式向现代化管理模式转变。人力资源管理者只有学会新的思维方式，掌握现代科学知识，能够驾驭现代科技设备，熟悉计算机技术、信息开发技术、网络技术，并能运用科学的方法和技术，才能更好地进行人力资源管理，大力开发人力资源信息，加快人力资源管理信息化进程。

（3）开拓创新能力。人力资源管理者应破除传统思想观念，建立现代化的创造性的思维方式，开创人力资源管理信息化工作新局面，发展人力资源管理事业。创造性的思维是多种思维方式的综合表现，主要体现为强烈的创新意识、奋发进取的创新精神、从容应对新情况和新问题的创新能力。而观念的更新是提高人力资源管理质量与效率的基础。

3. 知识素质

在经济全球化、社会信息化的背景下，人们意识到信息化战略的重要性，纷纷开始寻求信息化人才。既通晓信息科技，又熟悉组织策略、业务流程且精通电脑网络的人才，将在信息化建设中发挥越来越重要的作用。

信息化人才要具备广博的知识，既有横向的丰富知识又要有纵向的学科专深知识。一般来讲，信息化人才的知识结构包括以下几方面。

（1）业务知识。精通人力资源管理的业务知识，是信息化人才必须具备的基本功。因此，人力资源管理者必须学习人力资源管理理论，不断加强继续教育，更新知识，熟悉本专业的新理论、新知识、新技术，熟悉人力资源管理各项业务环节的专门知识，成为人力资源管理的通才。

（2）信息管理业务知识。信息管理业务知识指信息管理的基本原理和方法，以及与信息管理业务活动有关的计算机科学知识和信息技术知识。信息管理学是一门边缘学科，是计算机科学、管理科学、信息科学交叉形成的，涉及社会科学和自然科学的许多领域。要深入学习，综合运用相关知识。

（3）现代科学技术知识。科技的发展使人力资源管理日益科学化、规范化、智能化，人力资源管理者应学会熟练使用计算机进行人力资源管理，特别是要掌握涉及电子人力资源工作方面的应用知识。

（4）现代信息技术知识。信息社会的发展不仅对人力资源管理提出了新的要求，而且使人力资源信息的来源、载体、管理方式、加工方式、传播方式发生了变化，人力资源管理者只有具备信息技术方面的知识，才能有效地处理人力资源信息，加强人力资源管理。

（5）管理科学知识。人力资源管理信息化建设是一个系统工程，其实施必须建立在科学管理的基础上。因此,人力资源管理者要掌握行政管理、经济管理知识,了解信息论、系统论、控制论知识,提高决策和管理水平。

(6)外语知识。在信息和网络时代,全球的信息交流日益频繁和便利,人力资源管理者要学习外国先进经验与管理技术,与国际现代化人力资源工作接轨,参与国际学术交流,进行人力资源信息对外交流和服务,都需要熟练掌握一门或多门外语,达到能看、会听、日常对话及一般笔译的水平,以适应人力资源信息国际交流的需要。

人力资源管理信息化必须树立以人为核心的管理思想。如果信息化人才准备不足,势必会极大地影响人力资源管理的发展。因此,企业当前的首要任务就是要培养合格的信息化人才。

(二)人力资源管理信息化人才队伍的培养对策

信息时代的核心是科技,关键是人才。企业要培养造就一批人才,形成一支推进人力资源管理信息化的基本队伍。

1. 注重人才队伍建设与加速人才培养

(1)注重人才队伍建设。信息时代迫切要求从管理者到员工转变传统的管理理念,管理者更要重视电子环境下的人力资源工作,在资金、人员和政策上加大支持力度,以新的方式、新的观念全方位发掘、培养、选拔人才,建立人才库和激励机制。企业要不拘一格选人才,着重解决人力资源管理信息化人才队伍建设中存在的突出问题,把工作重点放在高层次和紧缺人才上,注重人才队伍建设的整体推进和协调发展。

(2)利用各种途径加速人才培养。人力资源管理信息化建设急需大量的信息技术人才。企业要加强继续教育,通过委托代培、在职业务学习、专题讲座和学术报告以及业务函授、自修班和专业研究班学习等形式培养人才。要充分利用学校教育,从人力资源管理、信息管理专业的博士、硕士、本科、专科毕业生中选拔人才,为信息化人才队伍输送新鲜血液,不断充实信息化人才队伍。要强化社会教育,通过多种途径和手段,采取有效措施和政策，形成多层次、多渠道、多形式的人才培养体系，培养适应信息化发展的多门类、多层次的信息化人才。还可以制定引进人才的相关政策，创造良好的人才环境，吸引海内外优秀信息技术人才。

2. 加强信息技术技能训练的培养

在信息化条件下，人力资源管理工作的技术性必然要求员工具备操作计算机等现代办公设备的能力，熟练地运用开发的系统；在信息检索方面能熟练运用计算机技术，实现提供利用自动化、在线化；能运用通信技术，熟悉信息系统软件和网络工具；能运用多媒体技术，提供图、文、音、像一体化的多媒体信息服务。因此，企业要进行专业人员的知识培训和技能的训练，使之具备现代化的管理知识，了解电子环境下人力资源管理的全过程和发展趋势，掌握应有的信息技术，确保人力资源管理系统更科学、更合理、更高效地发挥作用。

3. 普及信息知识

一流的人才能造就一流的组织。实现人力资源管理信息化，需要人们具有信息观念和信息知识。通过多种方法和手段普及信息知识对提高人们的信息素质至关重要，必将对信息化产生良好的效果和积极的影响。

（1）普及信息知识的具体方法。一是专题讲座。举办专题讲座是提高信息素质的有效途径。主讲者可以是国内著名的信息学专家，也可以是对信息有独到见解和丰富经验的集团和公司领导，还可以是长期从事信息业务的工作人员。主讲内容可以信息领域中某一方面知识的深入剖析为主，采取理论与实践相结合的方式。二是专题研讨。企业可组织相关人员和领导就当前的信息化形势和单位人力资源信息系统现状进行研究和讨论，将有助于掌握更多的信息知识和技能，利于对已有信息资源深层次开发和利用。三是发行手册。企业可用通俗易懂的文字或以图文并茂的形式将信息系统的软硬件操作手册或使用指南编辑成册，既有较广的发行面，又能具有一定的累积性，方便员工自学和备查。四是参观考察。企业可组织相关人员和领导到信息行业的先进单位参观学习，获取信息，对比找差距，使信息系统更为合理而有效。

（2）普及信息知识的主要原则。第一，简明性原则。信息技术是信息化管理的工具和手段，因此普及信息知识，必须以简明、概括为原则，深入浅出，循序渐进，起到事半功倍的效果。第二，实用性原则。普及信息知识要注重实用性，以使用率高、能直接在工作中运用且具有明显收效的信息内容为主，尽量介绍与目前已建成的可操作的信息软硬件有关的信息知识，如因特网的检索与电子邮件的使用等，这样才能增加员工学习的兴趣，达到学以致用的目的。第三，新颖性原则。企业开展普及信息知识的活动，无论是内容还是形式都要与国内外信息化发展趋势、内外部信息环境、信息技术的最新动态保持同步，具有强烈的时代感和鲜明的新颖性，提高学习的效率和水平。第四，层次性。普及信息知识要因人而异，根据员工的知识水平、专业结构、职务职位、业务能力因材施教，做到授其所需、补其所短。

4. 强化信息化人才培训

信息化人才的培训，关系到全面、及时地提高人们的素养和知识结构、掌握基本技能与新的技术手段，增强适应不断变化的工作环境、接受新思想、新事物的能力。企业可以按照信息化人才素质的要求，建立培训机制，有计划、有组织、有目的、多渠道、多形式地开展队伍培训。

（1）信息化人才培训的主要方法。

第一，理论培训。理论培训是提高信息化人才队伍理论水平的一种主要方法。企业可以采用短训班、专题讨论的形式，使员工学习人力资源管理、信息管理的基本原理以及一些新的研究成果，或就一些问题在理论上加以探讨；还可以通过研讨会、辅导、参观考察、案例研究、深造培训，提高对理论问题的认识深度。总之，各级各类组织在具体的培训工作中，要根据企业的特点来选择合适的方法，使培训工作真正取得预期的成效。

第二，岗位培训。岗位培训是根据岗位职责的需要，以受训对象的知识和实际工作能力与所在岗位现实和未来需要为依据，着重于岗位所需能力的培养和提高。岗位培训可以使员工不断补充和更新知识与技能，使其知识、技能与人力资源工作的发展保持同步；可以规范业务行为，提高管理的效率，减少工作失误；可以开发人力资源，发现人才，培养人才。

企业岗位培训的形式主要有：一是鼓励人员参加专业或相关专业的函授教育、自学考试教育、电视教育、网络教育等高等学历教育，系统学习科学文化知识；二是聘请专家、学者讲学，及时接受最新的思维观念、科学技术、管理理论和管理方法；三是在单位内开办培训班，对即将从事工作的人员进行岗前培训，学习组织的人力资源管理规章制度、操作方法；四是鼓励人员利用业余时间自学人力资源管理知识和相关科学文化知识。

（2）信息化人才培训的注意问题。

第一，信息化队伍建设要与信息化目标相结合。管理者要清楚地认识到，培训的目的是提高员工的素养和能力，以更好地适应现职务或新职务的要求，保证信息化目标的实现。

第二，充分调动积极性。针对参加培训人员的各自情况决定具体的培训内容，才能产生好的培训效果。企业应该精心策划培训内容，让每一个参加培训人员真切地感受到培训是一次难得的机会，能够学到有价值的内容，从而积极主动参加学习。

第三，理论与实践相结合。在培训时，企业必须注重学以致用，把理论培训与实践锻炼有机结合。只有这样才能有效达到培训目的，培养出既有一定理论水平，又有一定的实践经验，素质和能力都较高的合格信息化人才。

5. 积极建设梯队的信息化人才队伍

人力资源管理信息化人才队伍建设，应重点突出，目标明确，形成梯队。

（1）信息化人才骨干队伍建设。企业要重点抓好高层次骨干人才的培养，特别要注意发现和培养一批站在世界科技前沿、勇于创新和创业的带头人，具有宏观战略思维、能够组织重大科技攻关项目的科技管理专家及人力资源技术专家。探索新形势下加速信息化人才骨干队伍建设的新思路，把培养信息化人才骨干当成一项至关重要的任务来抓。

（2）青年信息化人才的培养。企业管理者要拓宽视野，不拘一格，注重发现具有潜质的青年人才，为他们提供施展才华的舞台。要重视培养年轻人的创新精神和实践能力，鼓励他们在信息化过程中和工作实践中努力拼搏。大力倡导团结协作、集体攻关的团队精神，努力培养青年人才群体。注意正确处理好现有人才与引进人才的关系，创造各类优秀青年人才平等竞争、脱颖而出、健康成长的机制，不断探索培养优秀青年信息化人才的途径。

（3）信息化管理人才的培养。信息化规划的实施与落实，需要引进、开发、投资建设一大批信息资源及网络基础设施。为保障信息化的快速、稳定、健康发展，需要一批具有较高专业素质的管理人才从事资源及设施的建设、运行、管理及维护工作。信息化管理人才的培养，企业管理者要考虑队伍的稳定性、培养对象的选择，要注重是否具备较高的政治素质、是否热爱人力资源管理事业，同时在政策上要有良好的激励机制和制约措施。

（4）信息化技术应用型人才的培养。信息化建设的最终目标是要培养具有综合职业能力和全面素质、具有信息化意识，并掌握现代信息技术、计算机技术、通信技术、网络技术的适应现代化建设需要的应用型人才和高素质劳动者，这是检验信息化建设能否服务于人力资源事业体系的建立、服务于人力资源管理现代化、服务于经济和社会发展的标准。

企业管理者应充分创造条件，采用多种途径对信息化人才进行培训，尽快普及现代信息技术、计算机技术、通信技术、网络技术的教育，组织人力资源工作者参加社会认可的计算机应用资格证书考试,让更多的人参与到信息化建设工作中来。

6.重视加强信息化人才队伍建设的组织领导

为了培养综合素质的人才,逐步形成知识结构合理、层次配置齐全的信息化人才队伍,加快信息化建设的步伐,完成时代赋予人们的历史使命,必须加强信息化人才队伍建设的组织领导。

(1)重视人才队伍建设工作的领导。各级人力资源部门和领导干部要真正树立科技是第一生产力和人才是"第一资源"的意识,把信息化人才队伍建设工作摆上重要议事日程。

(2)健全人才建设的工作机制。建立和完善信息化人才交流制度;加强各地区、部门之间的联系、沟通;协调有关重要政策的研究、执行和工作部署、落实。

(3)加强人力资源管理部门自身建设。充实人力资源管理部门力量,配备高素质人员,并保持相对稳定;提供必要的工作条件,保证工作经费,加强对人员的培训,提高其综合素质、服务意识和信息安全意识;重视对人才理论、人才成长规律和管理规律的研究,学习借鉴国外人力资源开发的经验。

(4)加强督促检查,狠抓落实。抓紧建立一支掌握先进科学技术和管理知识、政治素质好、创新能力强的信息化人才队伍,是事关事业当前和长远发展的根本大计。人力资源部门要结合实际,在抓落实上下功夫。定期对信息化人才队伍建设进行调查研究、督促检查。要进一步提高对人才问题的认识,把人才工作摆到更为重要、更为突出的位置上来。加快创造有利于留住人才和人尽其才的社会环境,切实加大工作力度,努力营造充分发挥人才作用的良好氛围,从而保证信息化目标的实现。

第二节 人力资源管理信息化系统的功能解析

人力资源管理信息系统是由相互联系的各个子系统组成的，子系统之间相互关系的总和构成了人力资源管理信息系统的整体结构。不同的管理层次和工作任务对应不同的系统，并要求系统发挥不同的功能。

一、信息处理与服务功能

（一）信息处理功能

人力资源管理信息系统通过设置标准化计量工具、程序和方法，对各种形式的信息进行收集、加工整理、转换、存储和传递，对基础数据进行严格的管理，对原有信息进行检索和更新，从而确保信息流通顺畅，及时、准确、全面地提供各种信息服务。

1. 数据处理

数据处理涉及设备、方法、过程以及人的因素的组合，是完成对数据进行收集、存储、传输或变换的过程。数据处理实现信息记录及业务报告的自动化，通过对大批数据的处理可以获得对管理决策有用的信息。

2. 电子表格

人力资源管理信息系统拥有丰富的人力资源数据，具有灵活的报表生成功能和分析功能。系统可直接利用来源于各基本操作模块的基本数据，既以信息库的人力资源数据作为参考的依据，又根据人力资源管理者提供的信息进行综合分析，提供从不同角度反映人力资源状况的信息报表和分析报表。如生成按岗位的平均历史薪资表，员工配备情况的分析表，个人绩效与学历、技能、工作经验、接受培训等关系的统合性分析报表，供管理者进行日常管理使用和决策参考。报表提供的不是简单的数据，而是依赖于常规的人力资源管理与分析方法，是从基本的数据入手，形成的深层次综合数据，反映管理活动的本质，指导管理活动。

3. 电子文档管理

人力资源管理者运用电子文件处理软件，可实现文件的审定、传阅、批示、签发以及接收、办理、反馈、催办、统计、查询、归档等环节的计算机处理；还可用计算机管理文件材料，完成文件的编目、检索，进行文件信息统计分析，实现利用者的身份确认、签名、验证，办理借阅手续，方便利用者的查找，达到安全管理信息的目的。

4. 图形与图像处理

图形处理是利用计算机完成条形图、直方图、圆瓣图和折线图等各种图形的制作，对图形进行剪辑、放大、缩小、平移、翻转等处理，满足不同需求的使用。其原理是利用计算机将图像转变为数字形式，再用数字形式输出并恢复为图像，主要包括图像数字化、图像增强与复原、图像数字编码、图像分割和图像识别等。

（二）信息服务功能

人力资源管理信息系统的特点，是面向管理工作，收集、存储和分析信息，提供管理需要的各种有用信息，为管理活动服务。

1. 整合优化管理

由于现代管理工作的复杂性，人力资源管理信息系统以电子计算机为基础，按照所面向的管理工作的级别，对高层管理、中层管理和操作级管理三个层面展开服务。按其组织和存取数据的方式，可以分为使用文件和使用数据库的服务；按其处理作业方式，可以分为分批处理和实时处理的服务；按其各部分之间的联系方式，可以分集中式和分布式服务。一个完整的管理信息系统，能够针对多层次的结构，以最有效的方式向各个管理层提供服务，使各层次间结合、协同行动。纵向的上下信息传递，可将不同环节的行为协调起来；横向的信息传递，可将各部门、各岗位的行为协调起来。

人力资源管理信息系统通过各种系统分析和系统设计的方法与工具，根据客观系统中信息处理的全面实际状况，合理地改善信息处理的组织方式与技术手段，以达到提高信息处理的效率、提高管理水平的目的。人力资源管理信息系统是为各项管理活动服务的一个信息中心，具有结构化的信息组织和信息流动，可以按职能统一集中电子数据处理作业，利用数据库构成较强的询问和报告生成能力，有效地改善各种组织管理，提高电子计算机在管理活动中的应用水平。

2. 组织结构管理

人力资源管理信息系统可根据相关信息形成组织结构图，提供组织结构设计的模式。通过职能分析，确定职务、职能、职责、任职要求、岗位编制、基本权限等，形成职务职能体系表，并根据不同职位的职责标准，进行职责诊断。系统可根据需要对组织结构及职位关系进行改动、变更，对职位职责、职位说明、资格要求、培训要求、能力要求及证书要求进行管理，配置部门岗位和人员，生成机构编制表，进行岗位评价，实现内部冗余人员和空缺岗位的匹配查询。

3. 人事管理

人力资源管理信息系统具有对人员档案中的信息进行记录、计算查询和统计的功能，方便人力资源管理者进行人事管理。系统可对每个员工的基本信息、职位变更情况、职称状况、完成的培训项目进行维护和管理；记录人事变动情况，管理职员的考勤，形成大量的声音、图像、VCD文件及其他各种形式的信息，并保存在信息库中。系统拥有人员履职前资料、履职登记及培训、薪资、奖惩、职务变动、考评、工作记录、健康档案等丰富的信息，可以按照部门人数、学历、专业、院校、籍贯、户口、年龄、性别等进行分类统计，形成详尽的人力资源状况表。系统通过众多的检索途径，直接提供满足各种需求的信息利用，在员工试用期满、合同期满时，自动通知人力资源部门处理相关业务。

4. 招聘管理

人力资源管理信息系统能够为招聘提供支持，优化招聘过程，进行招聘过程的管理，减少业务工作量；对招聘的成本进行科学管理，降低招聘成本；为选择聘用人员的岗位提供辅助信息，有效地帮助进行人力资源的挖掘。

5. 薪资管理

人力资源管理信息系统可以根据基本数据，在职务职能设计的基础上，进行岗位分析，确定薪酬体系，自动计算单位及各部门的薪酬总额、各种人事费用比例、各级别的薪酬状况，及时形成薪酬报表、薪酬通知单等单据。系统还可根据目前的现状对薪酬体系进行自我调整，形成详尽的薪酬体系表和薪级对照表，便于对薪资变动的处理。

6. 绩效考核管理

人力资源管理信息系统的绩效考核功能，包括考核项目定义、考核方案设置、考核等级定义、考核员工分组定义、考核记录、考核结果。系统可根据职务职能设计将人员分成决策层、管理层、基本操作层、辅助运作层等职级，分别设计考评的标准，按月份、季度、年度考核进行统计分析，并与薪酬、奖惩体系等进行数据连接，生成数据提供利用。

7. 培训管理

人力资源管理信息系统可帮助人力资源管理者制订培训计划，对培训进行人、财、物的全面统筹规划，在资金投入、时间安排、课程设置等方面实施控制；对课程分类、培训计划等提供了基本的模式，根据职位中的培训要求及员工对应的职位，能自动生成培训安排。员工改变职位后，其培训需求自动更改，可直接增加培训计划，也可由培训需求生成培训计划。系统能够获取培训过程中的各种信息材料，有各种培训资料收集途径信息，有大量培训组织机构的信息，逐步形成了专业的培训信息库，使个人的培训档案能够直接与生涯规划紧密联系在一起。系统还可以从教师、教材、时间安排、场地、培训方式、培训情景等方面进行综合评估，检查培训的效果。

二、信息事务处理、计划与控制功能

（一）信息事务处理功能

人力资源管理信息系统能优化分配人力、物力、财力等在内的各种资源，记录和处理日常事务，将管理人员从单调、繁杂的事务性工作中解脱出来，高效地完成日常事务处理业务，既节省人力资源，又提高管理效率。

系统在审查和记录人力资源管理实践过程中，通过文字处理、电子邮件、可视会议等实用技术，以及计算和分析程序，进行档案管理、编制报告、经费预算等活动。集中实现文件材料管理、日程安排、通信等多种作用，辅助人力资源管理者进行事务处理，协调各方面的工作。人力资源管理信息系统的处理事务功能具有以下两个特性。

1. 沟通内部与外部环境之间的联系。在内、外部之间架起一座桥梁，确保信息交流渠道的畅通，及时、准确地获取有用信息，并向外界进行有效的信息输出。

2. 系统既是信息的使用者，又是信息提供者。系统与外界环境联系密切，在运行过程中产生并提供信息利用，管理者可通过它获取有关组织运转的现行数据和历史数据，从而很好地了解组织的内部运转状况及其与外部环境的关系，为管理决策提供依据。

（二）信息计划与控制功能

人力资源管理信息系统的计划功能表现在系统能体现未来的人力资源的数量、质量和结构方面的信息，针对工作活动中的各种要求，提供适宜的信息并对工作进行合理的计划和安排，保证管理工作的效果。人力资源计划按重要程度和时间划分，有长远规划、中期计划和作业计划等；按内容划分有人员储备计划、招聘计划、工资计划、员工晋升计划等。系统可以对有关信息进行整合，形成完整的人力资源计划，为人力资源管理提供利用。

控制是人力资源管理的基本职能之一。而信息是控制的前提和基础，及时、准确、完整的信息可以保证对人力资源管理全过程进行有效的控制。人力资源管理信息系统能对人力资源管理的各个业务环节的运行情况进行监测、检查，比较计划与执行情况的差异，及时发现问题，并通过分析出现偏差的原因，采用适当的方法加以纠正，从而保证系统预期目标的实现。

三、信息预测功能

人力资源管理信息系统不仅能实测现有的人力资源管理状况，还可以对人力资源管理活动进行科学分析和组织，利用过去的历史数据，通过运用适当的数学方法和合理的预测模型来预测未来的发展情况，对人力资源需求、劳动力市场、未来战略、职业生涯和晋升等做出科学预测。

系统通过对行业信息、人才市场信息等做出测评，针对不同的岗位，按照一定人力资源规划的方法进行综合计算，预测某一时期单位及各职能部门的需求人数，并对人员的学历、资历、专业、工作行业背景、毕业院校等基本素质进行规划，最终自动生成详细的且易操作的人力资源规划表，确定员工新进、淘汰、调动、继续教育的基本目标；对人员、组织结构编制的多种方案，进行模拟比较和运行分析，并辅之以图形的直观评估，辅助管理者做出最终决策。

系统可以制定职务模型，包括职位要求、升迁途径和培训计划；根据担任该职位员工的资格和条件，提出针对员工的一系列培训建议，一旦机构或职位变动，系统会提出一系列的职位变动或升迁建议，对人员成本做出分析及预测。

四、信息决策与执行支持功能

(一)信息决策支持功能

当今社会,信息变得越来越重要。真实、准确的人力资源信息是进行决策的坚实基础。所以,人力资源管理信息系统的决策支持功能非常重要。其将数据处理的功能和各种模型等决策工具结合起来,依靠专用模型产生的专用数据库,针对某方面具体的决策需要,专门为各级、各层、各部门决策提供人力资源信息支持,可以达到决策优化。

决策支持功能的学科基础是管理科学、运筹学、控制论和行为科学。通过计算机技术、人工智能技术、仿真技术和信息技术等手段,利用数据库、模型库以及计算机网络,针对重要的决策问题,做好辅助决策支持。

决策支持的类型主要有:专用决策支持,针对专业性的决策问题,如招聘决策、人力资源成本决策,具有决策目标明确、所用模型与程序简单、可以直接在系统中获得决策结果的特点;集成的决策支持,能处理多方面的决策问题,模型、数据库和计算机网络处理的决策问题,具有更强的通用性;智能支持,由决策者把推测性结论与知识库相结合,用来解答某些智能性决策问题。

决策支持面对的是决策过程,它的核心部分是模型体系的建立,提供方便用户使用的接口。人力资源管理信息系统能充分利用已有的信息资源,包括历史和现在的数据信息等,运用各种管理模型,对信息进行加工处理,支持管理和决策工作,以便实现管理目标。它不但能在复杂的迅速变化的外部环境中提供相关的决策信息,从大量信息中挖掘出具有决策价值的数据、参数和模型,协助决策者制定和分析决策,提高决策质量和可靠性,降低决策成本,而且可以利用各种半结构化或非结构化的决策模型进行决策优化，提高社会经济效益。

决策支持要求提供的数据范围广泛，但对信息的数量和精度方面要求比较低。它通过灵活运用各种数学和运筹学方法，构造各种模型来支持最终的决策。

决策支持主要帮助管理者解决问题，使管理者不受空间和时间的限制，共享系统提供的各种信息。当支持决策的数据变量发生改变时，分析出现变化可能带来的结果，帮助管理者调整决策。

（二）信息执行支持功能

该功能的主要服务对象是战略管理层的高级管理人员。它直接面对的是变化无常的外部环境。执行支持只是为决策提供一种抽象的计算机通信环境，不同于决策支持为决策者提供某种特有的解决问题的能力。执行支持系统能以极低的成本和极快的速度向决策者提供有用的信息，从而保证管理者能进行及时的决策，避免耽误决策时机。为了方便高级管理人员操作，系统往往具有很友好的界面。

第三节　人力资源管理信息系统的开发与建立

一、人力资源管理信息系统的开发

人力资源管理信息系统的开发，要考虑系统的要素、系统的管理过程，分析系统开发的要求，在创造各种有利条件的基础上进行开发。

（一）人力资源管理信息系统的要素

人力资源管理信息系统作为实现管理现代化的重要手段，是由相互联系、相互作用的多个要素有机集合而成的执行特定功能的综合体。

1. 人员。人力资源管理信息系统是一个人机系统，人员是系统的重要组成部分。包括数据准备人员与各层次管理机构的决策者以及系统分析、系统设计、系统实施和操作、系统维护、系统管理的人员。人力资源管理信息系统的实施，关键在于系统人员的管理。企业应将参与系统管理的人员，按照系统岗位的需要进行分工和授权，使之相互配合，协调一致地参与管理过程；明确规定系统的各个岗位的任务、职权和职责，对系统人员承担的任务进行明确的授权；用客观、公正的评价指标和衡量优劣的方法，定期或不定期地对系统人员进行检查和评价；对系统人员进行培训，应对计算机专业人员与管理人员在内容上各有侧重。

2. 硬件系统。硬件主要指组成人力资源管理信息系统的有关设备装置，包括计算机及通信网络、工作站和有关的各种设施。计算机是整个系统的核心；通信网络可采用局域网、因特网或其他网络，以适于不同部门、不同区域的需要；工作站可以是简单的字符终端或图形终端，也可以是数据、文字、图像、语音相结合的多功能的工作站。

3. 软件系统。软件系统主要包括系统软件和应用软件两大类。系统软件主要用于系统的管理、维护、控制及程序的装入和编译等工作。应用软件包括指挥计算机进行信息处理的程序或文件等。

4. 数据库。数据库是指数据文件的集合。数据库对各种人力资源的数据进行记录和保存，将这些数据和信息转化成为人力资源管理信息系统可以识别和利用的信息，把所有人力资源信息纳入系统，使不同来源的输入数据得以综合，便于管理者使用。数据库的内容包括描述组织和员工情况的数据以及影响人力资源资源管理环境的因素，可以提供对于人力资源计划和管理活动具有广泛价值的多种类型的输出数据。企业应该把人力资源管理活动中形成的人力资源信息，按照数据库设计的要求转换成数据信息，及时更新、修改和补充新的数据，以便在满足基本业务需求的同时，适应不断增长的业务信息需求。

5. 操作规程。操作规程指的是运行管理信息系统的有关说明书，通常

第九章 现代人力资源管理信息化的人才与系统建设

包括用户手册、计算机系统操作手册、数据输入设计手册等。企业遵循操作规程，整合优化人力资源管理，统一业务处理流程，有助于完成管理信息系统的各项功能，如信息处理、数据维护及系统操作等，从资源规划和整合上优化人力资源管理信息系统。

（二）人力资源管理信息系统的基本环节

一个完善的人力资源管理信息系统，包含有信息输入、信息转换、信息输出、信息反馈控制四个基本环节，其核心任务是向各层次的管理提供所需的信息，实现信息价值，体现了人、机、信息资源三者之间的关系。

1. 输入

输入是向人力资源管理信息系统提供原始信息或第一手数据。人力资源管理信息系统主要包括两个方面的信息：第一，组织方面的信息，主要是政策、制度、程序、管理活动的真实记录；第二，个人方面的信息，如基本状况、知识状况、能力状况、个人经历、工作状况、心理状况、家庭状况等。系统要完整、准确、及时地记录数据，加快信息更新速度，丰富信息资源。

2. 转换

转换是指对输入的信息进行加工，使其成为对组织更有价值、更方便利用的信息形式。信息的转换要经过信息的分类、信息的统计分析、信息的比较和信息的综合处理等环节，要求确保信息的客观性和提高信息的可用性。系统对获得的原始信息材料作分类加工处理，就可得到许多有用的信息，如员工文化素质的结构、年龄结构、业务水平、培训情况等。计算机和软件对信息进行转换，形成合成信息、深层次信息、计量模型和统计模型计算的数据，使信息转化为符合利用需要的信息，可帮助管理者做出科学的决策。计算机系统进行信息加工比手工的处理速度更快、更准确。

3. 输出

输出是指系统加工处理后的信息成果以报表、报告、文件等形式提供给系统外部利用,如工资单、招聘分析报告。信息输出的形式因利用者对信息内容和质量的要求不同而有差异,要根据存储量、信息格式、使用方式、安全保密、使用权限等方面的要求来确定。人力资源管理信息系统的最终目的是为用户提供技术数据、管理信息和决策支持信息。信息只有经过输出,才能实现价值,发挥作用,变潜在价值为现实价值。系统输出高质量的信息,是管理活动的基础和依据,能够起到辅助管理的作用。

4. 反馈控制

系统将信息输出后,对管理活动作用的结果又返送回系统,并对系统的信息再输出发生影响的过程。利用系统提供的反馈信息,管理者可以据此改变系统参数和重新配置人员,重新确定工作标准、配置人力资源、修订人力资源发展计划。反馈控制是确保整个过程的实施,确保系统所预想达到的结果,以提高整个系统的有效性。

(三) 人力资源管理信息系统开发的一般要求

人力资源管理信息系统具有复杂的结构形式,既要反映业务活动的特点,又要反映组织结构的特征,而且时间、环境、个体因素都会对其产生影响。因此,进行人力资源管理信息系统的开发要遵循一定的要求。

1. 完整性与集成性。人力资源管理信息系统是基于完整而标准的业务流程设计的,能够全面涵盖人力资源管理的所有业务功能。对员工数据的输入工作只需进行一次,其他模块即可共享,减少大量的重复录入工作。人力资源管理信息系统,既可作为一个完整的系统使用,也可以将模块拆分单独使用,必要时还能扩展集成为一个完整系统。

2. 易用性。系统界面友好简洁,直观地体现人力资源管理的主要工作内容,引导用户按照优化的人力资源管理流程进行每一步操作。应尽量在一个界面显示所有相关信息,并操作所有功能,使信息集成度高,减少大量对弹出式对话框的烦琐操作。

3. 网络功能与自助服务。系统能提供异地、多级、分层的数据管理功能，日常管理不受地理位置限制，可在任何联网计算机上经身份验证后进行操作。

4. 开放性。系统可提供功能强大的数据接口，轻松实现各种数据的导入导出以及与外部系统的无缝连接；便于引入各类 Office 文档，并存储到数据库中，规范人力资源文档的管理，并增加文档的安全性；能够支持所有主流关系型数据库管理系统以及各种类型的文档处理系统。

5. 灵活性。系统可方便地根据用户需求进行功能改造，更改界面数据项的显示；具有强大的查询功能，可灵活设置众多条件进行组合查询；支持中英文或其他语种实时动态切换。

6. 智能化。系统的自动邮件功能，可直接批量通过 E-mail 发送信息给相关人员，如通知被录用人员、给员工的加密工资单等，极大地降低管理人员的行政事务工作强度。系统设置大量的提醒功能，以便用户定时操作，如员工合同到期、员工生日等，使人力资源管理变被动为主动，有效地提高员工对人力资源工作的满意度。

7. 强大的报表、图形输出功能。系统可提供强大的报表制作与管理工具，用户可直接、快速设计各种所需报表，并能随时进行设计更改。报表可输出到打印机、Excel 文件或 TXT 文本文件。系统还提供完善的图形统计分析功能（如条形图、圆瓣图、折线图等），输出的统计图形可直接导入文档中，快速形成人力资源工作分析报告。

8. 系统安全。系统可对数据库进行加密，进行严格的权限管理，设定用户对系统不同模块、子模块乃至数据项的不同级别操作权限。建立数据定期备份机制并提供数据灾难恢复功能；建立日志文件，跟踪记录用户对系统每一次操作的详细情况。

（四）人力资源管理信息系统开发的条件

人力资源管理信息系统的开发及运行能够产生巨大的社会经济效益，但是必须具备一定的前提条件，否则不仅不能获益，反而会造成人力、财力、物力和时间的浪费。一般说来，开发人力资源管理信息系统应具备以下四个基本条件。

1. 管理基础坚实。人力资源管理信息系统应建立在科学管理的基础上。系统的开发过程就是管理思想和管理方法变革的过程。只有在合理的管理体制、完善的规章制度、稳定的工作秩序以及科学的管理方法的基础上，完善人力资源管理运作体系，实现工作规范化、系统化，系统的功能作用才有可能充分发挥。

2. 领导重视。人力资源管理信息系统开发是一项复杂的系统工程，涉及统一数据编码、统一表格形式等多项协调工作，不能仅仅依靠专门技术人员单独实现。在某种程度上说，领导的重视程度可以直接决定人力资源管理信息系统的应用效果。在管理信息系统开发与应用的各个时期，对于资源投入、总体规划等全局性的重大问题，需要领导决策。领导要了解人力资源管理信息系统的优势，熟悉计算机基础知识和系统基本操作，重视并积极参与系统开发工作。

3. 相关人员积极参与。企业要明确规定系统开发相关人员的职责，协调相互之间的关系，充分发挥系统开发人员的作用。

系统开发相关人员要履行自己的职责，积极参与开发。如方案设计人员，要具有非常好的计算机技术，熟悉自动化流程业务，负责整个项目的需求分析、方案论证和实施方案的设计。项目实施人员，负责整个系统的开发、测试和安装，保证系统实施过程中的质量，并定期将进展情况向其他人员通报。技术服务人员主要职责是用户的操作指导和培训，做好技术支持。资料员，负责提供和保管在系统开发实施过程中需要的各种数据和产生的各种文档等。

4. 紧密结合实际。企业进行人力资源管理信息系统的开发，要做客观而充分的评估，了解人力资源管理现状，做出系统的预算，决定是否需要引入管理咨询，确定实施系统的范围与边界，既要考虑满足当前人力资源管理需求，又要设法确保系统为人力资源管理层次的提升带来帮助。企业要从实际情况出发，不盲目地贪大求全，准确定位，寻找到合适的解决方案。在功能层面上，应根据人力资源管理的实际情况，规划实际有效的、能够产生价值的功能模块，比如招聘、培训发展、薪酬、沟通渠道、绩效管理、福利管理、时间管理、自助服务等；要具备完整的系统运行环境，如服务器、硬件设备、用户服务支持、数据处理和管理、流程控制等。

5. 高水平的专业技术团队。人力资源管理信息系统的开发和运行必须有一支具备合理结构的专业技术人员队伍。队伍的成员应包括：系统分析员，主要进行系统开发的可行性研究，做好调查研究，对系统目标、系统功能、系统的效益预测、资金预算、开发步骤与开发方法等进行分析；系统设计员，是系统的具体执行者和组织者，既要懂管理知识、计算机硬件软件知识和经济管理知识，又要具有系统开发实践经验和组织能力，其主要任务是系统功能设计、数据库设计、系统设备配置安排、系统输入与输出设计、代码设计等；数据员，主要负责与业务人员一起共同收集、整理和输入数据；程序员，既要了解管理业务，又要具有程序编程设计能力。

二、人力资源管理信息系统的建立过程

完善的人力资源管理信息系统的建立，具有很强的阶段性。企业应根据一定时期的规模、发展速度、业务范围和地域以及信息化水平，针对各个阶段的特点，确定开发目标，明确各个阶段的主要任务，选择合适的人力资源管理信息系统及其实现形式，建立目标明确的人力资源管理信息系统。

（一）系统规划

系统规划阶段的主要任务是明确系统开发的目的，进行初步的调查，通过可行性研究，确定系统的逻辑方案。

1. 明确系统创建的目的 根据组织发展战略及现有规模，针对管理的需

求，明确系统建立的目的，弄清系统要解决的问题。企业要对系统进行规划，做好各种人力资源信息的设计和处理方案，确定系统发展的时间安排，建立系统管理的各项规章制度，使管理人员和员工，了解人力资源管理信息系统的含义、用途和作用，明确系统目标。

2. 进行系统的调查分析。通过对管理现况的初步调查研究，重点加以分析，深入全面了解业务情况；认识人力资源管理的发展方向和优先次序；找准人力资源管理工作的瓶颈；确定系统的目标和可能涉及的变量；决定人力资源管理信息系统计划的范围和重点。

3. 建立人力资源管理信息系统逻辑模型。分析组织结构及功能，将业务流程与数据流程抽象化；通过对功能数据的分析，建立人力资源管理信息系统的运行模型；制定员工关系管理和人力资源服务模型电子化的目标、策略和实施计划；争取管理层的支持，力争获得资金和其他资源的支持。

（二）**系统设计**

系统设计阶段的主要任务是确定系统的总体设计方案，划分系统功能，确定共享数据的组织，进行具体详细的设计。系统设计要立足于操作简单、实用，并能真正解决实际的业务问题。

系统分析员要分析现有的信息，为人力资源管理信息系统提供有效的数据；确定系统中数据的要求、系统最终的数据库内容和编码结构，说明用于产生和更新数据的文件保存和计算过程；规定人力资源信息的格式和处理要求，决定系统技术档案的结构、形式和内容要求；确定人力资源信息系统与其他智能系统的接口的技术要求等。

系统设计要优化人力资源管理流程。了解用户的使用体验，明确系统的功能和技术需求，设计功能模块，构建薪酬管理、绩效管理、招聘、培训、人力资源评估、福利管理和不同用户的人力资源自我服务功能，为人力资源管理搭建一个标准化、规范化、网络化的工作平台。通过集中式的信息库、自动处理信息、员工自助服务、外协以及服务共享，达到降低成本、提高效率、改进服务方式的目的。必须考虑到人力资源管理信息系统的经济、技术操作的可行性；分析软件硬件的选择及配备、系统方案设计的合理性；分析人员组成与素质、人工成本，从成本和收益方面考察方案的科学性。要建立起各种责任制度，通过专家与领导对系统进行评审。

（三）系统实施

系统实施阶段的主要任务是执行设计方案，调试系统模块，进行系统运行所需数据的准备，对相关人员进行培训。

1. 配置软硬件。购置硬件要注意选型。员工人数较少的企业可自行开发软件，开发的软件尽量简单、易用；人数较多的企业，则适宜外购软件或请专家帮助开发。

2. 保障系统的安全。由于现行的人力资源管理信息系统受到网络技术的制约，而系统安全问题也就显得尤为重要。企业要采取切实措施，保证系统内有关员工隐私和保密的数据，免受无访问权限的人获取和篡改。此外，人力资源管理部门对员工绩效评估程序以及薪酬计划的制定等内部机密，也应当得到有效的保护。

3. 系统的日常运行与维护。系统达到可行性分析提出的各项要求，并通过验收后，就可以进入日常运行和维护。系统的日常运行与维护涉及业务部门、人力资源部门和技术部门。业务部门进行日常数据输入，通过指标、表格及模型把相关数据进行整合，提出新的信息需求；开展授权范围内的信息处理、查询、决策支持服务；对系统运行提出评价和建议。人力资源部门进行数据使用与更新，根据各部门人力资源配置的新需求，整合信息，进行人力资源管理与决策支持。技术部门进行日常运行的管理与维护，对系统进行修改、补充、评价及检查。

人力资源管理信息系统投入使用后，日常运行和维护的管理工作相当重要。系统的实际使用效果，不仅取决于系统的开发设计水平，还取决于系统维护人员的素质和系统运行维护工作的水平。

4. 对相关人员进行培训。实现人力资源管理信息系统的良性运行，需要对相关人员进行培训，特别是对人力资源管理者进行培训。培训必须以授权访问系统权限的高低来加以区别。

系统管理人员负责整个系统的运行维护和日常操作指导，其培训的基本内容是：系统的设计方案、系统的安装调试和运行数据的组织、信息环境的配置、基础数据的定义、系统安全和备份、系统运行维护、系统常见问题的解决。

对于一般员工的培训内容主要是：人力资源管理信息系统的基本理论、各模块功能的基本操作、常见问题的处理。

（四）系统评价

系统评价阶段的主要任务是针对系统日常运行管理的情况，实施推广和综合评估，从而进行信息反馈和系统改进。系统评价主要包括以下四个方面的内容。

1. 系统运行一般情况的评价。分析系统的运行效率、资源利用率及系统管理人员利用率情况；判断对系统的管理、服务改进的空间；评估各项业务需求是否按照高质量、高效率完成，最终用户是否对系统满意。

2. 技术应用情况评价。对系统应用、技术支持和维护进行评估；分析系统的数据传递与加工速度是否协调；系统信息是否能够满足信息需求；外围设备利用率、系统负荷是否均匀；系统响应时间是否符合要求。

3. 效果评价。对系统的整体效果进行评估；分析提供信息的数量、质量是否达到要求；是否及时、准确地根据需求提供信息服务；提供的信息报表、管理参数的利用率及对管理决策的支持效果。

4. 经济评价。对运行费用和效果进行检查审核；评估系统的运行费用是否在预算控制范围内；考虑实施系统后带来的收益和成本比。

系统评价的目的是健全和完善人力资源管理信息系统。企业应根据评价结果，对系统的某些方面进行改进、调整，开发新的功能和流程；要根据系统的需要，确定有关管理部门和管理人员对信息的特殊要求；对与人力资源管理信息系统有关的单位，提出保证系统信息安全的建议，不断优化人力资源管理信息系统流程，使人力资源管理信息系统充分发挥效能。

第四节 人力资源管理信息系统的应用效果与风险控制

一、人力资源管理信息系统的应用效果

1. 全面人力资源管理。企业人力资源管理系统是一种适合多种人力资源管理解决方案的开放式平台：由用户自行定义多种信息数据项目；实现业务流程自定义与重组；管理工具以组件的形式灵活组配；通过战略模块控制不同层次的业务活动。通过提供人力资源管理的全员参与平台，可使人力资源管理工作从高层管理者的战略设定、方向指导，到人力资源管理部门的规划完善，再到中层经理的参与实施，最终到基层员工的自主管理，形成一个统一立体的管理体系。

2. 业务模式清晰，界面友好灵活。企业人力资源管理系统为一般员工、直线经理和人力资源管理者等提供个性化的人力资源管理业务操作窗口，以事件和流程为中心规划业务进程，使琐碎的业务活动变得清晰明了。针对每个操作员，该系统都能够定义其菜单的组织方式与个性化的名称，并且能够集成其他系统的应用，为每个操作员提供一体化、个性化的操作环境与应用平台。

3. 系统开放，转换灵活。企业人力资源管理系统通过客户化平台提供各种不同系统接口实现系统的开放和灵活，提供不同格式的数据导入导出接口，方便与不同格式数据的灵活转换。

4. 强大的查询、统计和分析功能。企业人力资源管理系统提供查询模

板、查询引擎、数据加工厂、查询统计、报表工具等不同的查询、统计、分析工具，同时可根据规则进行结构分析、变化趋势分析等工作，实现强大的数据组合分析功能，实现决策支持。

5. 辅助支持功能。企业人力资源管理系统在"政策制度管理"中提供对国家和地方的政策法规等的分类检索和管理维护，给员工和人力资源管理者提供辅助支持，实现人力资源管理透明化。

6. 信息共享，灵活对接。作为企业信息系统的核心平台，人力资源管理系统通过可扩展平台实现与其他相关系统的对接，外部系统人力资源数据的共享，以及随着信息化发展存在的复杂的系统对接，从根本上扭转了相对独立的各系统之间信息无法共享的弊端。同时，所有信息由专人进行维护，并通过制定相应的信息浏览、调用和修改权限，保证了系统相应的子模块信息只能在权限范围内被正确使用，从而实现信息的及时、准确、安全。

7. 纵向管理，高效便捷。通过开发人力资源管理系统，逐步实现企业人力资源管理上下一条主线，充分发挥企业人力资源部门与各分子公司人力资源部门工作的指导、协调和沟通作用。

二、人力资源管理信息系统建设的风险控制建议

信息化人力资源管理建设的风险存在于整个项目的推进过程中，本书针对系统实施提出几点能有效控制风险的建议。

1. 项目组织保证。信息化人力资源管理建设工作是一项多方参与、共同完成的项目。为了保障项目规范化运作，企业需要设置相适应的组织机构，进行合理的人员分配，并建立有效的沟通机制。

2. 项目制度建设。信息化人力资源管理的信息存在安全性和保密性高的特点，企业需要建立一整套相关制度，涉及系统管理部门、运行范围界定、操作人员等级权限划分、安全操作注意事项、违纪违规处理等方面。

系统使用者应严格按运行规则操作,保障系统安全稳定。

3. 培训工作。培训工作主要分为计算机网络技术和人力资源管理业务。按员工职能和工作授权的不同,企业应有针对性地安排不同内容的培训,保障信息化人力资源管理系统的正常运转。

4. 预算控制。信息化人力资源管理建设的预算主要包括硬件、软件和实施三方面。在项目规划之初,企业应做好预算管理工作,明确项目推进过程中各阶段的费用,并严格按照预算管理。

信息化人力资源管理建设是个复杂的管理过程,企业应从组织建设、规章制度、培训教育、财务控制等多方面进行持续性的保障与监管。

参 考 文 献

[1] 刘芳，吴欢伟，刘卓.国内人力资源管理研究综述[J].科学管理研究，2006，24（4）：22.

[2] 齐二石，刘传铭，王玲.驱动知识价值链的人力资源管理研究[J].科学管理研究，2003，21（6）：25.

[3] 王震，张雨奇.服务导向人力资源管理研究回顾与展望[J].外国经济与管理，2017，39（2）：16.

[4] 高日光，凌文辁，王碧英.基于组织公平的人力资源管理研究[J].科技进步与对策，2004，21（9）：65.

[5] 尹德法.基于胜任力模型的人力资源管理研究[J].山东社会科学，2013（6）34.

[6] 周杰.战略人力资源管理研究综述[J].科技管理研究，2008（2）3.

[7] 曾湘泉，周禹.创新视角下的人力资源管理研究述评：个体，组织，区域三个层面的研究[J].首都经济贸易大学学报，2006，8（6）：15.

[8] 武振业，陈旭.高科技中小企业人力资源管理研究[J].经济体制改革，2000（3）17.

[9] 关云飞，陈晓红.我国高校人力资源管理研究综述[J].现代大学教育，2009（4）5.

[10] 陶向南，赵曙明.国际企业人力资源管理研究述评[J].外国经济与管理，2005，27（2）：8.

[11] 金福，王前.人力资源管理研究的新发展——智力资源管理研究[J].中国软科学，2005（01）88-93.

[12] 颜士梅，YANShi-mei.内容分析方法及在人力资源管理研究中的运用[J].软科学，2008，22（9）：7.

[13] 颜士梅.国外战略性人力资源管理研究综述[J].外国经济与管理，2003，25（9）：5.

[14] 于斌，陈定超.人力资源战略管理研究新进展[M].江苏：南京大学出版社，2004.

[15] 席波，李婷婷，王桂玲.中小企业人力资源管理研究[M].北京：中国商务出版社，2012.

[16] 白春礼主编.科研事业单位人力资源管理研究与实践探索[M].科学出版社，2011.

[17] 田新民.柔性人力资源管理：战略人力资源管理研究的新视角[M].上海：上海交通大学出版社，2007.

[18] 纪海楠.XL集团新生代员工战略性人力资源管理研究[M].云南：昆明理工大学出版社，2008.

[19] 郑赤建.高校人力资源管理研究[M].湖南：湖南人民出版社，2007.

[20] 王喜.新公共管理视角下的公共部门人力资源管理研究[D].内蒙古大学，2014.

[21] 杨艳，胡蓓，蒋佳丽.基于内容分析法的中国人力资源管理研究文献分析[J].情报杂志，2009（12）19.

[22] 赵曙明，冯芷艳，刘洪.人力资源管理研究新进展[M].江苏：南京大学出版社，2002.

[23] 郭庆松.公共部门人力资源管理研究存在的问题和发展趋势[J].中

国行政管理，2007（5）79-80.

[24]谌新民，张炳申.中小企业人力资源管理研究[J].华南师范大学学报：社会科学版，2002（6）3.

[25]赵曙明，黄昊宇.企业伦理文化与人力资源管理研究[J].经济管理，2006（16）12.

[26]李佑颐，赵曙明，刘洪.人力资源管理研究述评[J].南京大学学报：哲学.人文科学.社会科学，2001，38（4）：12.

[27]杨东涛，朱武生.基于胜任力的人力资源管理研究[J].中国人力资源开发，2002（9）3.